Schöningh
westermann

EinFach
Deutsch

Alfred Andersch

Fahrerflucht

Erarbeitet und mit
Anmerkungen versehen
von Gerd Weber

Herausgegeben von
Johannes Diekhans

Druck A[15] / Jahr 2023
Alle Drucke der Serie A sind im Unterricht parallel verwendbar.

Umschlaggestaltung: Jennifer Kirchhof
Druck und Bindung: Westermann Druck Zwickau GmbH,
Crimmitschauer Str. 43, 08058 Zwickau

ISBN 978-3-14-**022346**-1

Alfred Andersch: Fahrerflucht

Alfred Andersch

Fahrerflucht

Hörspiel

Stimmen

TANKWART
MANAGER
MÄDCHEN
ANSAGER

POLIZEIBEAMTER
OBERFELDWEBEL HEISS
MARY LOU
STEFFEN

JIMMY WONG

SPRECHERGRUPPE
(immer als Einzelsprecher aufgeteilt, nie als Sprechchor)

Musik: *Jazzcombo*

I.

ANSAGER: Drei Leute haben mit der Sache zu tun. Nummer eins: Der Tankwart.
(Pause, in der Jazzcombo [kein Blech!] einsetzt. Sie bleibt unter dem folgenden Text stehen und rhythmisiert ihn.)

SPRECHERGRUPPE *(in Einzelsprecher aufgeteilt):*
Autobahnausfahrt Stuttgart Nord
Zubringerstraße
Fade Hügel, mit Grünzeug beworfen
Juli
Grünzeug
sommerlich
Sechs Uhr morgens
Schon heiß
Stuttgartheiß
Weiße Stuttgarter Hitzebrühe
Tankstelle in fadem Grünzeug
BV-Aral
Firmenfarben blau-weiß
Schwarzgrüner Mercedes 220
– Polizeifarbe,
blaues Alarmlicht –
fährt schwarzgrün
durch fades Grünzeug
in weißer Hitze
an blau-weiß lackierten Blechen
vor
rollt aus und stoppt.
(Noch ein paar Takte Musik. Dann Pause)

TANKWART: Ich hatte mich unter die Tür gestellt, denn ihre Sirene war schon von Weitem zu hören gewesen und es wäre falsch gewesen, wenn ich am Schreibtisch gesessen und überrascht aufgeblickt und so getan hätte, als hätte ich sie nicht gehört. Sie mussten erwarten, dass man unter die Tür trat und nachsah, was los war, wohin sie fuhren, um sechs Uhr morgens, mit der Sirene in Betrieb. Dagegen durfte ich ein wenig davon überrascht sein, dass sie bei mir vorfuhren, und ich spielte das ganz gut und ging langsam und mit ein paar zögernden Schritten – so, als wüsste ich doch nicht recht, ob ich gemeint sei – auf den Streifenwagen zu, vier Mann, alle in Uniform, saßen drin, und natürlich stieg keiner aus, weil keiner, der 'ne Uniform anhat, es noch nötig hat, höflich zu sein und auszusteigen und einem ein paar Schritte entgegenzukommen, sondern sie blieben sitzen, und der, der neben dem Fahrer saß, hatte die Scheibe heruntergerollt. Er fragte mich, ob mir während der letzten halben Stunde ein Auto mit frischen Kratzspuren an der rechten Seite aufgefallen sei. Ich tat so, als müsse ich einen Moment nachdenken, und dann sagte ich: „Nein, ich bin seit einer halben Stunde im Dienst und da haben nur zwei Wagen bei mir getankt. An denen ist mir nichts aufgefallen, aber ich habe auch nicht besonders darauf geachtet, ob was mit ihnen los war. Und nach den Autos, die auf der Straße vorbeifahren, schaue ich meistens gar nicht hin." Während ich diese Auskunft gab, hatte ich meine rechte Hand in der Hosentasche und befühlte mit den Fingern den Hundertmarkschein, und am Schluss fragte ich: „Warum, was ist los?" Aber der Kerl im Streifenwagen gab mir keine Antwort, sondern er stieg plötzlich aus und fragte, ob ich meine Verkäufe immer gleich registriere, und ich sagte ja, das sei Vorschrift vom Chef, und da bat er mich, ihm das Kassabuch[1] zu zeigen. Wir gingen ins Büro, und während er sich die beiden Eintragungen ansah, die ich an diesem Morgen schon gemacht hatte, blickte ich durch das Fenster zur Tanksäule hinüber und vergewisserte mich zum zehnten Mal, dass ich den letzten Verkauf, 20 Liter Super, den Verkauf, der nicht im Kassabuch stand, gelöscht hatte. Auch der Polizeibeamte warf einen kurzen Blick auf die Tanksäulen, ehe er sagte, ich solle ihm die beiden Wagen beschreiben, die getankt hätten, und als ich es getan hatte, rückte er endlich mit der Sprache heraus.

(Raumwechsel)

1 Buch für Einnahmen

POLIZEIBEAMTER: Fahrerflucht. Gleich hinter Leonberg[1] liegt eine im Straßengraben, die ist fertig[2]. 'Ne Radfahrerin. Das Rad ist auch ganz im Eimer, und der Schweinehund, der da abgehauen ist, muss unbedingt Spuren an der rechten Seite von seinem Fahrzeug haben. Wir bekamen die Funkanweisung vor zehn Minuten und die ganze Sache ist höchstens 'ne halbe Stunde alt. Es muss sich um einen Pkw handeln. Der Fahrer hat am Tatort ganz kurz abgebremst und ist dann weitergefahren. Er hat nicht gewendet, um zur Stadt zurückzufahren, und muss deshalb hier vorbeigekommen sein. Sie können mir also nichts Sachdienliches mitteilen?

(Raumwechsel)

TANKWART: Das wäre der Moment gewesen, in dem ich zurückgekonnt hätte, und komischerweise erfasste ich das auch ganz scharf und klar, während ich bedauernd die Achseln zuckte und „nein" sagte und hinzufügte: „Dann müssen Sie ihn auf der Autobahn suchen, bis zur Einfahrt führt hier nichts mehr ab, außer dieser Feldweg da", und ich wies, während ich ihn zum Streifenwagen zurückbegleitete, auf den Kiesweg, auf dem wir immer mit den Motorrädern nach Leonberg reinfahren, um unser Bier zu holen, aber er sah nur flüchtig hin, er sah eigentlich nicht einmal den Weg, sondern nur auf das runde Schild, das den Weg gegen Fahrzeuge aller Art sperrte – Menschenskinder, sind Polizisten doof! –, und nickte nur und dann saß er auch schon wieder neben dem Fahrer und sie rauschten ab, Richtung Autobahn.

(Pause)

Einen Augenblick lang war es ganz still. Meine Hand befand sich immer noch in der Tasche, immer noch befühlten meine Finger den Hundertmarkschein, aber diesmal hörte ich ihn knistern, so still war es. Ich überlegte, ob der Beamte vielleicht doch die Feldwegausfahrt geprüft hatte, ob ein Blick ihm genügt hatte,

---

1 Stadt westlich von Stuttgart

2 Der Beamte will ausdrücken, dass die Radfahrerin tödlich verletzt ist.

um festzustellen, dass sich keine Radspuren auf dem Kies befanden – denn ich hatte sie mit der Harke gelöscht, so, wie ich die 20 Liter Super am Tankzähler mit einer Drehung der Kurbel gelöscht hatte –, und dann fing ich an zu überlegen, warum ich das alles getan hatte. Und warum ich nichts Sachdienliches mitgeteilt hatte.

(Pause)

Ich stand auf dem Beton vor der Tankstelle, sechs Uhr morgens, es war schon heiß, Juli, die weiße Stuttgarter Hitzebrühe kroch an mir hoch, ich sah die faden Hügel voller Grünzeug in der Ferne und auf einmal wusste ich, warum mir das zugestoßen war. Ich brauchte mich ja nur zu erinnern.

(Pause. Jazz-Combo setzt wieder ein.)

SPRECHERGRUPPE:

Autostrada Genua – Rom
genannt Via Aurelia
bei Abzweigung Piombino.
Fade Hügel, mit Grünzeug beworfen,
Juli
Grünzeug
sommerlich
Fünf Uhr morgens
Schon heiß
Piombinoheiß
Weißes toskanisches Sonnenfeuer
Gehöft in fadem Grünzeug
schon zerstört
also kein Ziel mehr
also Gefechtsstand
einer Schwadron[1]
eines Bataillons[2]
einer Luftwaffen-Felddivision[3]
in weißer Hitze
im Sonnenfeuer

---

1 unterste taktische Einheit der Kavallerie (Reitertruppe)
2 Teil eines Regiments, Truppenabteilung
3 Truppenverband der Luftwaffe

toskanisch heiß.

(Noch ein paar Takte Musik, dann Pause)

TANKWART: Gegenüber vor dem Gehöft stand eine Piniengruppe und ich wartete unter der größten Pinie, bis die Jabos[1] vorbeigedonnert waren, ehe ich die Straße mit ein paar Sprüngen überquerte. Ich erreichte die Ruine und ging in den Keller runter, der noch intakt war. Der Chef und der Spieß und der Schreiber waren schon weg, sie hatten in der Nacht den Gefechtsstand nach rückwärts verlegt, und nur der Oberfeldwebel Heiß saß da und wartete befehlsgemäß auf mich. Ich war damals Melder beim 3. Zug und ich sollte den Oberfeld Heiß zu uns nach vorne bringen, weil unser Zugführer am Tag vorher den Arsch zugekniffen hatte. Ich machte Meldung, aber Heiß schaute mich gar nicht an, sondern er saß nur so da und rauchte eine Zigarette. Ich hatte ein komisches Gefühl. Es fiel mir auf, dass er noch nicht gepackt hatte, die Teile seines Sturmgepäcks lagen lose herum und ich dachte: Der ist bekloppt, wenn er sich einbildet, ich packe ihm sein Sturmgepäck. Er saß da, mit offener Jacke, rauchte und stierte vor sich hin. Um etwas zu sagen, deutete ich auf sein Deutsches Kreuz in Gold. „Den Platschari[2] nehmen Sie besser ab", sagte ich, „wenn Sie mit mir nach vorne gehen, Oberfeld. Der ist 'ne Zielscheibe für die Amis." Er wachte auf, fixierte mich scharf und dann brüllte er plötzlich los, ich solle eine der höchsten deutschen Tapferkeitsauszeichnungen nicht einen Platschari nennen. Ich nahm Haltung an und sagte nichts. Er schmiss die Zigarette weg.

(Raumwechsel)

OBERFELDWEBEL: Und außerdem gehe ich nicht mit Ihnen nach vorne.

(Raumwechsel)

TANKWART: Irgendetwas gefiel mir an der Sache nicht. Am wenigsten gefiel mir, dass Heiß diesen Satz so laut

---

[1] Jabo: Jagdbomber, mit Raketen ausgerüstetes Jagdflugzeug

[2] Militärauszeichnung

und scharf hervorbrachte. Ich muss ziemlich blöd geschaut haben, denn er fuhr mich an:
(Raumwechsel)

OBERFELDWEBEL: Glotzen Sie mich nicht so an! Ich sage Ihnen, dass ich nicht mit Ihnen nach vorne gehe.

TANKWART: Dann ist also der Befehl aufgehoben?

OBERFELDWEBEL: Welcher Befehl?

TANKWART: Dass Sie den 3. Zug übernehmen sollen.

OBERFELDWEBEL: Wie heißt das?

TANKWART: Dass Sie den 3. Zug übernehmen sollen, Herr Oberfeldwebel.

OBERFELDWEBEL: Na, Sie können es ja noch. Und obwohl es Sie nichts angeht: Ja, der Befehl ist aufgehoben.

TANKWART: Wer führt dann bitte den 3. Zug, Herr Oberfeldwebel?

OBERFELDWEBEL: Unteroffizier Kastner.

TANKWART: Darf ich Herrn Oberfeldwebel bitten, mir die schriftliche Ausfertigung dieses Befehls mitzugeben?

(Raumwechsel)

Er kam einen Schritt näher und sah mich an. Ich wusste jetzt, was mir an der Sache nicht gefiel. Ich war mir jetzt im Klaren darüber, warum seine Sachen noch herumlagen und warum er dagesessen hatte, als ich kam, mit abwesendem Blick, die Uniformjacke offen, und rauchend. Heiß hatte Angst.

(Pause)

Ich habe schon gesagt, dass ich, gleich nachdem ich in den Keller reinkam, ein komisches Gefühl hatte. Das Gefühl war Angst. Ich wusste nun, warum ich Angst hatte. Ich hatte Angst vor der Angst des Oberfeldwebels Heiß. Es gibt alle möglichen Arten von Angst und im Krieg lernt man sie kennen. Es gibt Anfälle von Angst, gegen die man nichts machen kann, ich habe sie oft bei mir und anderen festgestellt und man muss sie über sich ergehen lassen und dann schüttelt man sich wie ein Hund nach einer Dusche und läuft wieder weiter. Es gibt auch angeborene Angst, immerwährender Schiss, und es gibt welche, die werden sie nie los, und welche, die können ihren angeborenen Schiss abdrehen wie eine Wasserleitung und eine Zeit lang tapfer sein, und wenn sie nicht mehr tapfer zu sein brauchen, dann drehen sie die Wasserleitung wieder auf. Und dann gibt es noch die durch und durch feigen Schweine. Man erkennt sie daran, dass sie eine Stimmung des Terrors um sich verbreiten. Es gibt nichts Brutaleres als einen Feigling. Ich ahnte, wofür der Oberfeldwebel Heiß das Deutsche Kreuz in Gold bekommen hatte. Ich hatte Angst, weil ich allein war mit einem feigen, brutalen Schwein.

(Raumwechsel)

OBERFELDWEBEL: Höre ich recht? Sie wollen meiner mündlichen Mitteilung nicht glauben?

TANKWART: Aber der Schwadronschef muss doch noch Zeit gehabt haben, einen so wichtigen Befehl, der Sie betrifft, schriftlich abzufassen.

OBERFELDWEBEL: Was meinen Sie mit „der Sie betrifft“? Damit meinen Sie doch etwas ganz Bestimmtes.

TANKWART: Allerdings. Ich meine, dass es schlecht aussieht, wenn ein Befehl, der Sie betrifft, Herr Oberfeldwebel, ganz allein von Ihnen weitergegeben wird. Noch dazu ein Befehl, der Sie vor dem Frontdienst bewahrt, Herr Oberfeldwebel!

(Raumwechsel)

Er sah mich an, als hätte er einen Verrückten vor sich. Aber er irrte sich: Ich kannte mich mit den Vorschriften sehr gut aus und wusste, dass ich in einem solchen Fall einen Schwadronsbefehl fordern konnte. Es war zwar ein bisschen ungewöhnlich, aber auf keinen Fall konnte ich dafür bestraft werden, dass ich einen Nachweis verlangte. Dabei wusste ich schon, dass ich in meinem Kampf mit Heiß den Kürzeren ziehen würde. Und richtig hörte er auch auf, Theater zu machen.

(Raumwechsel)

OBERFELDWEBEL: Sie vergessen, dass wir allein sind!

(Raumwechsel)

TANKWART: Klar. Er hatte alle Trümpfe in der Hand. Er konnte es sich sogar leisten, mit dem Satz „Sie vergessen, dass wir allein sind“ die Maske fallen zu lassen. Ich wusste, was dieser Satz bedeutete. Er bedeutete, dass er mir anhängen konnte, was er wollte. Ich war nur ein kleiner Gefreiter und er war Oberfeldwebel und er konnte Anzeige gegen mich erstatten: Er konnte behaupten, ich sei überhaupt niemals gekommen, ihn abzuholen, oder ich hätte mich geweigert, nochmal nach vorne zu gehen, oder ich sei betrunken gewesen, oder er habe mich bei versuchter Fahnenflucht erwischt. Es würde eine Kleinigkeit für ihn sein, den Spieß herumzudrehen und mich vors Kriegsgericht zu bringen. Denn wir verhandelten ohne Zeugen. Ich war allein mit einem brutalen Feigling. Aber was er dann tat, übertraf doch alles, was ich erwartet hatte.

(Pause)

Er hatte plötzlich seine Dienstpistole in der Hand und richtete sie gegen mich.

(Raumwechsel)

OBERFELDWEBEL: Ich zähle jetzt bis drei, und wenn Sie dann nicht draußen sind ... Und vorher noch: Sie können sich auf was gefasst machen, wenn wir uns wiedersehen. So, und jetzt ab! Eins ...

(Raumwechsel)

TANKWART: Ich war draußen wie der Blitz und wieder über der Straße drüben, unter den Pinien, und hielt keuchend und sah zu den Ruinen des Gehöfts hinüber, an der Autostraße Genua – Rom, Abzweigung nach Piombino, die Luft war weiß vor Hitze, ich hatte Angst, die Hitze kroch an mir hoch

(Pause)

und dann knisterte wieder der Hundertmarkschein in meiner Tasche, ich stand auf dem Beton vor der Tankstelle, Autobahnausfahrt Stuttgart Nord, Zubringerstraße sechs Uhr morgens, schon heiß, Juli, wie damals bei Piombino, ich sah die faden Hügel voller Grünzeug in der Ferne, wie damals bei Piombino, und auf einmal wusste ich, warum mir das zugestoßen war.

(Pause)

Es war mir zugestoßen, weil ich ein paar Minuten lang genau die gleiche Art Terror gespürt hatte wie damals bei Piombino. Ich weiß, es ist völlig unlogisch, denn der Kerl mit dem Borgward Coupé hatte nicht das geringste Druckmittel gegen mich in der Hand. Er konnte mir nicht drohen, wie der Oberfeldwebel Heiß. Trotzdem hatte ich vor ihm genau die gleiche Sorte Angst.

(Pause)

Dabei ließ sich alles ganz harmlos an. Ich hatte um fünf Uhr mit dem Dienst begonnen und schon zwei Wagen bedient, als gegen dreiviertel sechs das Borgward Coupé draußen stand. Ich hatte es gar nicht kommen gehört. Der Kunde stand schon an seinem Wagen, an der rechten Vordertür.

(Raumwechsel)

MANAGER: Zwanzig Liter Super bitte!

(Raumwechsel)

TANKWART: Ich nickte, nahm den Einfüllstutzen aus dem Bügel, schraubte den Tankdeckel ab, schob den Stutzen hinein und drückte den Hahn. Die Uhr begann zu kreisen.

(Raumwechsel)

Wird schwül werden heute.

MANAGER: Ja, mächtig schwül.

(Raumwechsel)

TANKWART: Ich muss gestehen, es fiel mir erst später auf, dass der Kunde immer an der rechten Seite seines Wagens stehen blieb. Wenn man tagtäglich unzählige Wagen bedient, dann passt man nicht mehr auf die Kunden auf. Ich wurde erst aufmerksam, als dieser Kunde fragte, wohin der Kiesweg führe, der neben unserer Tankstelle abzweigt, der Kiesweg mit dem Sperrschild davor. Ich blickte zum ersten Mal auf und bemerkte, dass er ein rundes Gesicht mit einem spitzen Kinn und einer spitzen Nase hatte und dass er eine dicke schwarze Hornbrille trug, er hatte einen bedeutenden Anzug an, Zweireiher natürlich, er trug einen von diesen vornehmen grauen Hüten auf dem Kopf und der Wagen passte auch dazu, so richtig der

kleine Vormittagswagen für ’ne schnelle Tour nach Heidelberg oder Baden-Baden von einem, der außerdem noch einen Mercedes 300 oder den 3,2 Liter BMW im Stall hat. Er war kein Herr, aber er war ein mächtiger Mann, eines von diesen runden, käsigen Gesichtern, die heute die Macht und das Geld haben. Er war mir unsympathisch.
(Raumwechsel)

Der Weg da? Der führt nach Leonberg.

MANAGER: Ist er überall so breit wie hier?

TANKWART: Ja, er wird sogar noch breiter. Warum?

MANAGER: Ich möchte ihn benutzen. Ich habe mich verfahren und ich habs eilig. Ich muss ganz schnell nach Leonberg rein und dann weiter, die Richtung nach Calw.

TANKWART: Das geht nicht. Das ist schon Zubringerstraße Autobahn und wir haben den Seitenweg zur Tankstelle nur bewilligt bekommen unter der Bedingung, dass wir niemand durchlassen. Das kann den Chef die Lizenz kosten, wenn wir den Weg befahren lassen.
(Raumwechsel)
Ich war schon wieder dabei, den Tankdeckel aufzuschrauben und wollte ihn gerade fragen, ob ich Öl und Wasser prüfen solle, als er auf einmal dicht neben mir stand.
(Raumwechsel)

MANAGER: Hören Sie, ich fahre jetzt über den Kiesweg nach Leonberg. Und Sie werden keinem Menschen etwas davon sagen!
(Raumwechsel)

TANKWART: Ich wollte gerade den Mund auftun, als ich den Hundertmarkschein in seiner Hand gewahrte. Er hielt die Note entfaltet und ausgestreckt vor mich hin
(Pause)
und ich starrte ihn einen Moment lang an und dann nahm ich den Schein und steckte ihn ein, während er um das Auto herumging, sich hinter das Lenkrad klemmte und den Motor anließ. Als der Wagen anrollte und nach rechts in den Kiesweg reinfuhr, sah ich

die Kratzspuren an seiner rechten Seite, auf dem vorderen Kotflügel und an der Türe, und ich begriff, warum der Mann nicht von der rechten Seite seines Autos weggegangen war, aber da waren sie auch schon fort, der Mann und das Auto, und ich nahm ganz mechanisch die Harke und löschte die Spuren, die die Reifen auf dem losen Kies des Feldweges hinterlassen hatten. Und danach ging ich zur Tanksäule und löschte die Ziffern. Der Mann und das Auto waren niemals da gewesen. Nur der Hundertmarkschein in meiner Tasche erinnerte mich an ihre Anwesenheit.

(Pause)

Ich habe ihn nicht genommen, weil das Geld mich verführt hätte. Ich habe ihn genommen, weil von dem Mann genau die gleiche Art Terror ausging wie von dem Oberfeldwebel Heiß: der Terror eines Feiglings. Ich weiß, dass das alles unlogisch ist: Ein Hundertmarkschein ist keine Dienstpistole – dennoch habe ich mich einen Augenblick lang von dem Geldschein genauso bedroht gefühlt wie damals von der Waffe. Es muss an dem Mann gelegen haben, der ihn mir hinstreckte. Er sah ganz anders aus als Heiß. Aber er war mir genauso unsympathisch. Ich hatte Angst vor ihm. Ich habe Angst immer nur vor Menschen gehabt. Damals, bei Piombino, hatte ich keine Angst vor den Jabos, auf meinen Meldegängen, und keine Angst vor der Artillerie der beiden kleinen englischen Kreuzer, die auf der Reede[1] von Piombino lagen – aber als ich aus dem Keller des Gehöfts herauskam, hatte ich Angst vor dem Oberfeldwebel Heiß. Ich wusste, was mir bevorstand, wenn ich noch lebte, bis wir in Ruhestellung kamen, und ich beschloss nicht mehr zur Schwadron zurückzukehren. Ich versteckte mich in einem anderen Gehöft, östlich der Straße, an den Abhängen der Hügel, und ließ mich von den Amerikanern überrollen, und nach ein paar Tagen war ich im Gefangenenlager in Nettuno. Heiß hat leichtes Spiel

[1] geschützter Ankerplatz in einer Bucht

mit mir gehabt, aber Leute wie er haben einen Riecher dafür, mit wem sie es zu tun haben.

Der heute früh hat auch gleich gewusst, wen er vor sich hatte: einen, der sich einschüchtern lässt. Ich kann mir nicht helfen: Wenn ich einen dieser großen, mächtigen Gangster vor mir habe, einen von diesen Kerlen, die immer obenauf sind, das Gesindel mit den Oberfeldwebeltressen[1] und den zweireihigen Anzügen, dann gebe ich auf. Ich weiß, ich sollte nicht aufgeben, ich sollte kämpfen, aber ich bin dann wie gelähmt. Und wie hypnotisiert starre ich auf ihre Dienstpistolen und Hundertmarkscheine und schließlich bewege ich mich: um zu flüchten oder ihr Geld zu nehmen.

Und jetzt bin ich mit drin. Ich habe das Geld genommen und dann habe ich dem Kerl, von dem ich wusste, dass er etwas auf dem Kerbholz hat, zur Flucht verholfen, und dann, als mir der Polizeibeamte eine letzte Chance gab, habe ich sie verpasst, und jetzt hänge ich mit drin. So eine Sauerei! Der Kerl hat eine Frau totgefahren. Hoffentlich erwischen sie ihn nicht.

(Pause)

Immerhin habe ich seine Nummer. S, U, acht sechs sechs. Ein Stuttgarter Wagen.

---

1 spezielle Borte (französisch)

II.

Ansager: Drei Leute haben mit der Sache zu tun. Nummer zwei: der Manager.
(Pause, Jazzcombo)

Sprechergruppe:

Baden-Baden
Hotelterrasse
„Rialto“, mit Schwimmbad
Liegestühle Modell Palm Beach
Spesenrechnungen
„Besprechungen mit Geschäftsfreunden“
Auch die Kosten einer Privatjacht
in Travemünde
oder Ascona[1]
können jetzt als Repräsentations-Auslagen
abgeschrieben werden.
Die Campargläser klirren
rot vor den Tannen
der schwarzen Wälder.
Silber spühend
steigt Helen aus dem Bassin,
siebzehn
Tochter von Direktor Soundso,
„Najade[2] des Atomzeitalters“,
Badeanzug von der Kö[3],
Süße Krabbe.
Man sollte eine Geliebte haben,
Aber dazu reicht die Zeit nicht.
Zwischen Terminen
Nur kurze Impressionen
als Ersatz
Zum Beispiel
vor Schwarzwaldtannen
Camparirot.
(Noch ein paar Takte Musik. Dann Pause)

---

1 Stadt am Lago Maggiore, Kanton Tessin, Schweiz
2 Wassernymphe, weibliche „Naturgottheit“
3 bekannte Einkaufsmeile in Düsseldorf

MANAGER: Als ich heute Morgen um fünf das Haus verließ, war es still. Ich war der Erste auf. Gewöhnlich stehe ich erst um neun Uhr auf und bin gegen zehn Uhr im Büro und um diese Zeit sitzt die Dame, mit der ich verheiratet bin, schon mit tadellosem Make-up bei ihrem Rohkostfrühstück im Garten. Man hat sie dazu erzogen, sich dem Herrn, mit dem sie verheiratet ist, und den Herren, mit denen sie nicht verheiratet ist, unter keinen Umständen anders als fix und fertig zu präsentieren, und weder ich noch die anderen Herren haben es jemals gewagt, ihr zu sagen, dass sie uns ein wenig weniger gerüstet, eine Spur unfrisierter und im Ganzen ruhig ein bisschen schlampig lieber wäre. Na, sie ist jedenfalls, wie sie ist: immer auf dem Damm. Ich mache von unserer Ehe schon seit längerer Zeit keinen Gebrauch mehr und habe ihr dankbar dafür zu sein, dass sie diese Tatsache lediglich mit einer Art gereizter Lieblosigkeit quittiert, niemals aber Szenen macht oder „das Thema zur Sprache bringt". Früher war sie schlank und jetzt wird sie immer drahtiger, eine Dame von fünfzig Jahren, ein Produkt: aus Rohkost, Tennis und Helena Rubinstein[1], alle Bücher lesend, zu denen ich keine Zeit habe, und wenn ich mal den Buick brauche, hat sie ihn mitgenommen, nach Salzburg oder Cannes, und gewöhnlich bringt sie sich dann Souvenirs mit, einen jungen Schauspieler oder Musiker, der so lange bei uns herumsitzt, bis ihm die Sache langweilig oder peinlich wird.

(Pause)

Wir haben zwei entzückende Töchter, zwölf und siebzehn Jahre alt. Sie sind süß anzusehen, aber ich sehe sie nur selten. Da ich keine Zeit und kein Geschick habe, mich um sie zu kümmern, wissen sie bereits ganz genau, dass sie die Kinder feiner Leute sind.

(Pause)

Wenn ich, wie gewöhnlich, um zehn Uhr das Haus verlasse, steht Walter bereit, um mich in den Laden zu fahren. Er hat dann den Wagen schon auf Hochglanz

---

1 Kosmetikmarke

gewienert. Käthe hat mir um acht Uhr das Frühstück aufs Zimmer gebracht. Wir haben außer Käthe noch ein Zweitmädchen. Und natürlich eine Erzieherin.

(Pause)

Das ist also das Haus. Die Dame, die Kinder, der Chauffeur, die beiden Mädchen, die Erzieherin. Zusammen verbrauchen sie den größten Teil dessen, was ich verdiene. Die funktionierende Familie. Der Sinn des Lebens. Die Keimzelle der Gesellschaft. Das Haus ist groß, teuer und im Stil neutral. Terrassierter Garten mit Schwimmbassin, satinbezogene Stühle und Schaukelbank, Bibliothek, die ich immer mal ordnen wollte, allerbeste society-Lage, selten Besuche – ich gehe lieber mit den Leuten aus –, riesiges Aussichtsfenster mit Blick auf die Stadt, in der ich arbeite, offenbar zu dem Zweck arbeite, sie durch teures Kristallglas, drei Meter mal einsfünfzig, gelangweilt betrachten zu können. Ich habe keine Geliebte. Während der letzten zehn Jahre habe ich mir in Abständen von etwa zwei Jahren kurze Seitensprünge geleistet, mit einer Sekretärin, mit der Frau eines Geschäftsfreundes, mit Reisebekanntschaften im Hotel, jedesmal mit dem Resultat: Es stand nicht dafür. Der Aufwand, den solche Dinge kosten, rentiert sich nicht.

(Pause)

Bleibt also die Arbeit. Bekanntlich die Erfüllung des männlichen Lebens. Ein Mann geht in seiner Arbeit auf. Darf ich gestehen, dass sie mich bereits seit einer Reihe von Jahren aufs Äußerste langweilt, diese ununterbrochene Kette von Terminen, Konferenzen, Unterschriften, Besprechungen, Geschäftsreisen, dieses ganze Getue, das nur dazu dient, einen so gut wie automatischen Erfolg abzusichern? Diese stumpfsinnige Tüchtigkeit auf der Basis einfacher Marktaufteilung durch Kapitalgruppen, diese Mienen des Geschäftsinteresses in den unteren Rängen und des Zynismus in den oberen! Und wozu das Ganze? Zur Organisation der gewaltigsten Konsumgüterschwemme der Weltgeschichte, mit dem Ergebnis, dass meine Angestellten Eisschränke und Filme verbrauchen und meine Familie

Tennis und Salzburg. Es sollte mich begeistern, ich weiß, ich helfe mit, die Überlegenheit der freien Welt zu beweisen, aber irgendwie langweilt es mich. Am schlimmsten ist es, dass es mich schon langweilt, darüber nachzudenken, denn auch das ist eine Industrie geworden, dauernd lädt man mich zu Tagungen ein, auf denen darüber debattiert wird; die Industrie der Sinngebung läuft auf vollen Touren.

(Pause)

Ich habe mein Haus und meine Arbeit heute früh um fünf Uhr verlassen. Und alles wäre glattgegangen, wenn ich nicht diese Kratzer an den rechten Kotflügel und die rechte Tür meines Autos bekommen hätte. Ich hatte meine Flucht tadellos vorbereitet, es wäre sozusagen die perfekte Flucht geworden, aber nun ist es eine Flucht mit einem Schönheitsfehler geworden. Mit einem scheußlichen Schönheitsfehler.

(Pause)

Seit Monaten schon habe ich den Konzern auf meine längere Abwesenheit vorbereitet. Ich habe die ärztlichen Gründe in einem gewissen Ausmaß geschildert und die richtigen Leute an die richtigen Plätze dirigiert. Zusammen mit meinem Anwalt habe ich alle nötigen testamentarischen Vorkehrungen getroffen. Ihn und den Arzt habe ich zu unbedingtem Schweigen verpflichtet; ich habe mir ihr Schweigen mit großen Legaten[1] in meinem Testament erkauft. Worauf es mir ankam, war: die Flucht vor meiner Familie geheim zu halten. Denn vor ihr flüchte ich. Ich habe alles geordnet: Es wird der Dame, mit der ich verheiratet bin, an nichts fehlen, wenn ich nicht mehr bin. Aber ich will diese letzten Monate allein sein. Allein sein und leben. Ich habe Jahrzehnte damit verbracht, eine große Kristallglasscheibe in einer langweiligen Stadt zu bauen. Ich habe also meine Pflicht getan. Niemand wird es mir übel nehmen können, wenn ich die letzten Monate meines Lebens allein verbringe, allein und auf meine Weise: mit ein paar Landschaften und ein paar Städ-

---

1 Vermächtnis

ten, mit der See und mit den Flaschen, mit Schiffen und Kirchen, mit Blicken, mit letzten Illusionen und mit der großen Agonie[1]. Ich hatte gehofft, heute früh damit beginnen zu können, frei zu sein. Aber jetzt sitze ich im Anblick dunkler Schwarzwaldtannen vor einem Glase Campari und empfinde nichts. Dieser dumme Zufall heute Morgen hat alles verdorben. Er hat meine Flucht in die Freiheit in einen üblen Fall von Fahrerflucht verwandelt. Wenn der Mensch von der Tankstelle schweigt, findet mich die Polizei nicht. Ich habe meinen Wagen hier in einer zuverlässigen kleinen Werkstatt, bei einem Mann, der für viel Geld nicht redet. Ob ich das Mädchen getötet habe, oder nur verletzt? Ich will morgen in den Zeitungen nachsehen. Aber ich weiß, dass ich es getötet habe. Dies ist also das Ende meiner Laufbahn: eine Tote über dem Weg einer missglückten Flucht. Ein scheußlicher Schönheitsfehler. Ein dummer Zufall. Oder vielleicht doch kein Zufall? Vielleicht doch das Ende einer Kette? Wo begann sie? Kann ich mich noch daran erinnern?
(Pause, Jazz-Combo setzt wieder ein)

SPRECHERGRUPPE:
Kurfürstendamm
Café Bristol
Fünf Uhr nachmittags im September
Mit dem Wagen am Wannsee gewesen.
Norddeutscher Herbst
Kühl, durchsichtig
Jetzt Tee mit Rum
Leises Klirren der Tassen
Mary Lou am Nebentisch
Blicke unter Augenwimpern
Im Berliner Tageblatt
ein Aufsatz über Alexandra Kollontai[2] und die freie Liebe.
Graublauer Abend

---

1 Todeskampf
2 russische Schriftstellerin, trat in ihren Schriften für eine freizügige Sexualmoral ein

dann die ersten Lichtreklamen
von Arbeitslosen betrachtet.
Die zyklische[1] Krise
Und die käufliche Liebe
Der Herbst des Kapitalismus
Graublau phosphoreszierend
Im Blick von Mary Lou
Um fünf Uhr nachmittags im September
Im Café Bristol
Am Kurfürstendamm.
(Noch ein paar Takte Musik, dann Pause)

MANAGER: Während ich scheinbar im Berliner Tageblatt las, überlegte ich, ob ich Mary Lou wieder einmal zum Essen einladen sollte. Sie saß am Nebentisch, im Gespräch mit einem Herrn, den ich nicht kannte, einem Roué[2] älteren Semesters, für den sie eigentlich zu schade war, und manchmal wechselte ich einen Blick mit ihr. Mary Lou war reizend, Arztgattin, und sie verdiente sich ihr Taschengeld auf diese Weise, niemand nahm es ihr übel. Wir waren damals alle sehr tolerant und modern und großzügig. Ich war mit Steffen verabredet, Steffen von der Rölling-Zoch A.G., unserer Konkurrenz. Ich war gespannt, was er von mir wollte, wir kannten uns nur von Branchen-Sitzungen. Er kam zehn Minuten nach fünf ins Bristol und entschuldigte sich vielmals wegen der Verspätung, er sei wegen einer Arbeitslosendemonstration am Potsdamer Platz[3] mit dem Wagen blockiert gewesen, und während er erklärte, das mit den Arbeitslosen müsse jetzt bald aufhören, und sich Kaffee und Cognac bestellte, tauschte ich nochmals Blicke mit Mary Lou – ich war damals, 1932, noch nicht verheiratet –, ein Gespräch in Blicken fand statt.
(Pause, Raumwechsel)

---

1 im Kreislauf regelmäßig wiederkehrend
2 Lebemann
3 Platz im Herzen Berlins, vor dem 2. Weltkrieg der verkehrsreichste Platz Europas

MARY LOU: Wie findest du den Herrn, der bei mir sitzt?

MANAGER: Schrecklich.

MARY LOU: Er i s t schrecklich.

MANAGER: Schick ihn weg!

MARY LOU: Soll ich?

MANAGER: Ja, ich bin um sechs Uhr frei.

MARY LOU: Gut, ich werde warten, bis du Zeit hast.

MANAGER: Es wird nicht lange dauern. Wir fahren nachher nach Sakrow raus und essen im Seegarten.

MARY LOU: Fein, ich fahre so gern Auto.

MANAGER: Also bis nachher!

MARY LOU: Ich freu mich.

MANAGER: Tschüs! Bis nachher!

(Raumwechsel)

(Pause)

Steffen bot mir aus seinem silbernen Zigarettenetui an, ich dankte, weil ich damals Nichtraucher war, und er sagte: „Dann wollen wir zur Sache kommen."

(Raumwechsel)

STEFFEN: Hören Sie, es geht um Folgendes: Wir haben ein starkes Aktienpaket Ihrer Firma angeboten bekommen, natürlich nicht die Majorität[1], die liegt ja bei der Familie, aber doch eine starke Minorität[2], die uns eine gewisse Einflussnahme sichern würde, und wir denken daran, dieses Angebot auszunutzen. Aber wir können die Aktien nicht selbst übernehmen, das wird Ihnen klar sein, die Rölling-Zoch A.G. kann nicht innerhalb einer Firma, an der sie sich beteiligt, in der Minderheit bleiben.

(Raumwechsel)

MANAGER: Ich weiß nicht, ob er mir damals diesen Tatbestand so direkt mitteilte, wie ich das hier wiedergebe. Wahrscheinlich hat er mir die ungeheuerliche Absicht von Rölling-Zoch, die Firma zu schlucken, bei der ich Verkaufsdirektor war, die größte Konkurrenz für Rölling-Zoch in der ganzen Branche, etwas langsamer und diplomatischer serviert. Ich war baff.

---

1 Mehrheit

2 Minderheit

(Raumwechsel)

Nun erzählen Sie mir bitte, warum Sie das ausgerechnet mir mitteilen, Herr Steffen? Sie wissen doch, dass ich verpflichtet bin, dies alles sofort Herrn Geheimrat Baumann mitzuteilen.

STEFFEN: Das werden Sie sich überlegen, wenn Sie mich bitte noch einen Moment anhören wollen.

MANAGER: Bitte sehr!

STEFFEN: Wir könnten uns nämlich vorstellen, dass Sie der geeignete Juniorpartner für Geheimrat Baumann wären.

(Raumwechsel)

MANAGER: Er machte sich keine Mühe mit dem Sack, in dem er die Katze verborgen gehalten hatte. Er ließ sie mit einem Satz heraus. Und ich – ich tat eine Weile so, als verstünde ich ihn nicht. Ich begriff, dass ich Zeit gewinnen musste, und hielt ihn durch Fragen hin.

(Raumwechsel)

STEFFEN: Na, sehen Sie, das ist doch ganz einfach: Sie treten auf dem Aktienmarkt als der Käufer der Baumann-Minorität auf.

MANAGER: Aber ich habe doch gar nicht das Geld dazu.

STEFFEN: Die erforderliche Summe strecken wir Ihnen vor.

MANAGER: Und wie würde ich sie zurückzahlen – gesetzt den Fall, ich ginge auf dieses Angebot ein?

STEFFEN: Das ist doch nur eine Formalität. Wir machen das mit einem einfachen Schuldschein, auf den Sie uns in den nächsten zwanzig Jahren nur die Zinsen zu bezahlen haben, sagen wir 2 $^1/_2$ Prozent.

MANAGER: Und worin würde meine tatsächliche Gegenleistung bestehen? Ich nehme doch nicht an, dass mir die Rölling-Zoch A.G. meiner schönen Augen wegen plötzlich eine Kapitalbeteiligung bei Baumann schenken will.

STEFFEN: Nein, natürlich nicht. Sehen Sie, wir denken auf ziemlich lange Sicht. Geheimrat Baumann ist achtzig, er wird es vielleicht noch zwei, vielleicht noch fünf Jahre machen. Wenn er stirbt, zersplittert die Familienmajorität sofort in zwanzig kleine Interessengruppen, die sich spinnefeind sind. Dann kann man die Majorität erwerben und dann brauchen wir einen Mann mitten im Baumann-Lager, der bereit ist, die Fusion mit Rölling-Zoch zu vollziehen. Haben Sie kapiert?

(Raumwechsel)

MANAGER: Ich habe kapiert. Fast abwesend beobachtete ich, wie der Herr an Mary Lous Tisch aufstand und wegging, mit einem geröteten und peinlich berührten Gesicht – Mary Lou konnte ziemlich gefühllos sein. Ich hatte kapiert, dass dies meine Stunde war, die Stunde, in der ich mir die Hände schmutzig machen konnte, um Macht zu erwerben. Ich war mit 32 Jahren bereits Verkaufsdirektor eines der größten Unternehmen meiner Branche, aber es war ein Aufstieg aus Tüchtigkeit, Begabung und Intelligenz gewesen. Wenn ich Steffens Angebot annahm, würde berufliche Tüchtigkeit umschlagen in Handhabung von Macht.

(Raumwechsel)

Ehe ich mich entscheide, Herr Steffen, möchte ich gerne wissen, warum Rölling-Zoch sich entschlossen hat, mit diesem Vorschlag gerade zu mir zu kommen?

STEFFEN: Weil wir Sie für den fähigsten Mann in Ihrer Firma halten. Der Mann, der am klarsten erkennt, dass die Zukunft der Industrie in der Konzern-Bildung liegt.

(Raumwechsel)

MANAGER: Er sagte mir noch mehr Schmeichelhaftes. Er schmierte es mir ganz dick aufs Brot. Aber ich wusste schon, was die Phrase „Der fähigste Mann" zu bedeuten hatte. Sie bedeutete: Der käuflichste Mann. Und Steffen bestätigte es mir versehentlich, ehe er ging. Als ich ihn fragte, wie ich es Geheimrat Baumann erklären solle, dass ich plötzlich im Besitz von Aktien sei, erwiderte er:

(Raumwechsel)

STEFFEN: Sie brauchen gar nichts zu erklären. Und wenn Sie wirklich Bedenken haben, dann können Sie sich ja selber noch einen Strohmann suchen.

(Raumwechsel)

MANAGER: Einen Strohmann – das war es, was sie

brauchten. Ich sah ihm hasserfüllt nach, als er das Bristol verließ. Ich dachte, wenn ich darauf eingehe, wird Steffen der Erste sein, den ich über die Klinge springen lasse. Er wird sich noch wundern, was für einen Strohmann ich abgebe. Wir hatten vorher noch vereinbart, dass ich ihn im Laufe des nächsten Tages anrufen würde, um ihm meine Entscheidung mitzuteilen.

(Pause)

Dann ging ich zu Mary Lou hinüber und wir fuhren zusammen nach Sakrow und aßen Forellen und tranken Weißwein und dann fuhren wir zu Mampe und tranken Punsch, und in der Nacht lag ich wach, ich unterschied undeutlich die Gegenstände in dem kleinen komfortablen Hotelzimmer, und auch Mary Lou lag wach, wir sprachen miteinander, nicht mit Worten, sondern mit Gedanken, und unser Zwiegespräch lautete ungefähr so:

(Pause)

(Raumwechsel)

MARY LOU: Du warst heute nicht sehr zärtlich zu mir. Nicht wie sonst.

MANAGER: Ich weiß. Ich habe heute überhaupt nicht an dich gedacht.

MARY LOU: Woran denn?

MANAGER: An die Macht.

MARY LOU: Ist sie so wichtig?

MANAGER: Sie ist sehr wichtig.

MARY LOU: Ich finde es netter, wenn du zärtlich bist. Zärtlich und genießerisch. Und wenn du mir das Geld ein bisschen verlegen gibst, so, als wolltest du dich noch dafür entschuldigen.

MANAGER: Heute habe ich zuallererst daran gedacht, dass ich dich gekauft habe.

MARY LOU: Oh pfui!

MANAGER: Sag das noch einmal!

(Raumwechsel)

(Pause)

Sie sagte es noch einmal und nachher rauchte sie im Dunklen und auch ich tastete plötzlich nach ihrer Zigarettenschachtel und rauchte. Ich war bis dahin Nichtraucher gewesen, ein tüchtiger, intelligenter Nichtraucher mit dem Aufstieg eines Nichtrauchers, aber am nächsten Tag rief ich Steffen an und ergriff die Macht, ich wurde der unbequemste Strohmann, den sich die Rölling-Zoch A.G. jemals geholt hat, ich schaltete Steffen aus und nun bin ich schon seit Jahren Generaldirektor von Rölling-Zoch, der mächtigste Mann im Laden, und ich begann zu rauchen, in gewissen Zeiten war ich Kettenraucher

(Pause)

und das ist der Grund, warum ich heute früh geflohen bin, mein Haus verlassen habe, warum ich jetzt hier sitze, in einem fashionablen Hotel in Baden-Baden, im Angesicht der Schwarzwald-Tannen vor einem Glas Campari, und bis vor ein paar Stunden noch fest entschlossen, die letzten Monate meines Lebens allein zu verbringen, allein und ohne die Macht: mit ein paar Landschaften und ein paar Städten, mit Blicken, mit letzten Illusionen und mit der großen Agonie.

(Pause)

Es hat ganz klein begonnen; viele Jahre nach der ersten Zigarette, in den Jahren nach dem Krieg war's, so um 1947 herum, oder 1948, dass ich zum ersten Mal etwas spürte. Es war nicht mehr als ein feines, undeutliches Kratzen, so, als hätte ich eine ganz kleine Stecknadel in der Brust und als riebe sich etwas an ihrer Spitze, sodass ich husten musste, nein, nicht husten, sondern ich musste mich nur ein bisschen räuspern, das hielt sich lange so, über Jahre, es wurde eine Angewohnheit, manchmal verschluckte ich mich auch, und 1952 ließ ich mich operieren, ein kleiner Tumor, sagten die Ärzte damals, nichts Schlimmes, damit können Sie neunzig werden, und es war auch wirklich eine lange Zeit hindurch gut und ich musste mich nur noch selten räuspern, bis 1954 oder 1955, da begann das Kratzen wieder, ich spürte wieder die Stecknadel. Von da an habe ich nichts mehr dagegen getan und es verlief so, wie ich es erwartete: Es blieb noch eine lange Zeit hindurch konstant, ich schränkte das Rauchen ein und ich trank Milch und machte ein bisschen autosuggestives[1] Training – man ahnt gar nicht, wie lange man sich mit Autosuggestion halten kann –, aber vor einem halben Jahr breitete sich das, was ich „das Gefühl“ nenne, in meiner Brust aus, ich hatte ein Gefühl der Schwere in der Brust, und als ich zu Professor Wiesner ging und er mich untersuchte, redete er eine Weile um den heißen Brei herum, aber ich forderte die Wahrheit von ihm, die Wahrheit und die Geheimhaltung, auf seinen hippokratischen Eid,[2] und schließlich sagte er sie mir: Lungenkrebs in vorgeschrittenem Stadium. Er schlug mir verschiedene Behandlungsmethoden vor, aber ich fragte ihn nach der voraussichtlichen Lebensdauer und erfuhr, dass ich noch ein halbes Jahr bis ein Jahr zur Verfügung hätte; ich brauchte ein paar Monate, um alles für meinen Ausbruch vorzubereiten, und nun hätte ich, wenn alles gut gegangen wäre, noch ein schönes halbes Jahr vor mir gehabt. Ein halbes Jahr ohne die schmutzigen Hände und ohne die Dame, mit der ich verheiratet bin, ein halbes Jahr ohne die Macht und das Haus, ein halbes Jahr allein.

(Pause)

Es ist aber nicht gut gegangen. Es ist schiefgegangen. Wenn man an das Todesurteil denkt, das ich in der Tasche habe, wird man vielleicht verstehen, warum ich heute Morgen die Flucht ergriff, die Fahrerflucht, von Entsetzen geschüttelt, als ich das Gesicht des Mädchens erblickte, das Gesicht einer Toten. Denn es war das Gesicht einer Toten, das mich anstarrte, als ich einen Moment lang bremste und anhielt; das Gesicht des Todes, mit verdrehten Augen und bläulich geplatzter Schläfe, jener Schläfe, die ich, im Hundert-Kilometer-Tempo fahrend, an einen Baum geschmettert hatte. Ich habe hinter ihr gehupt und sie muss erschrocken sein, sie geriet mit dem Fahrrad ins Schwanken und ich erfasste sie mit dem rechten Kot-

1 sich selbst beeinflussend

2 Eid, der einen Arzt in seiner Grundeinstellung verpflichtet, Grundlage der ärztlichen Ethik

flügel und schleuderte sie förmlich durch die Luft, und dann hielt ich.

(Pause)

Und dann fuhr ich weiter. Ich dachte nur: Das kann doch nicht wahr sein, und ich dachte: Ich will mein halbes Jahr, mein halbes Jahr Frist.

(Pause)

In dieser Minute, vor einem Glas Campari sitzend, weiß ich, dass ich zweimal in meinem Leben die Kontrolle über mich selbst verloren habe. Das erste Mal, als ich nach Mary Lous Zigarettenschachtel griff. Das zweite Mal, als ich heute besinnungslos davonfuhr, nachdem ich dieses Mädchen getötet hatte. Und ich spüre, dass diese beiden Handlungen miteinander zusammenhängen. Ich kann mir nicht recht erklären, in welcher Weise sie zusammenhängen, aber sie hängen zusammen.

(Pause)

Mein halbes Jahr ist aus. Es wird keine Landschaften und Städte geben, keine Blicke, keine letzten Illusionen. Es wird nur den Blick in ein paar verdrehte Augen geben, den illusionslosen Anblick einer bläulich gefärbten Schläfe, das Aug in Auge mit der Sinnlosigkeit.

(Pause)

Dieser Mensch an der Tankstelle wird mich vielleicht anzeigen. Wenn er erfährt, um was es sich handelt, wird er mich anzeigen, um nicht mit drinzuhängen, falls die Polizei mich auf anderem Wege ermittelt. Er muss meine Autonummer haben.

(Pause)

Aber ich werde es trotzdem riskieren, mich nicht zu melden. Das Mädchen ist tot und ich werde in einem halben Jahr tot sein. Oder eher. Es ist niemandem damit gedient, dass ich mich selbst anzeige. Ich kann die Verwandten des Mädchens ermitteln und sie in einem Zusatz-Legat meines Testaments bedenken, falls sie es nötig haben. Wer dieses Mädchen wohl war? Sie tut mir leid.

(Pause)

Aber merkwürdigerweise empfinde ich keine Reue. Ich habe nicht das Bedürfnis, Buße zu tun. Und das

Allermerkwürdigste ist es, dass mich, vor meinem Campari sitzend, die Aussicht beinahe befriedigt: die Aussicht, noch ein halbes Jahr ausharren zu müssen, ohne alle Illusionen, Aug in Auge mit der Sinnlosigkeit.

III.

Ansager: Drei Leute haben mit der Sache zu tun. Nummer drei: das Mädchen.
(Pause, Jazzcombo)

Sprechergruppe:

Schlossplatz
Ecke Parkallee
Kastanien und grauer Sandstein
Leder und Juwelen
Armbanduhren und Hüfthalter
in Chrom eingefasst
und hinter Glas.
Geflüster und Intrigen
Fräulein Müller ist im Wagen des Juniorchefs gesehen worden.
Leichte Preiserhöhung bei Hemden
Die neue Lippenstiftfarbe heißt
„Bleiches Korallenrot“.
Die Korallenriffe
werden für die Pan American Airlines
in Chrom gefasst.
Sie werden von niemand mehr erblickt
außer vom Bromsilber
des Fotopapiers.
Das Alte Schloss ist soeben in Kunstgewerbe verwandelt worden.
Man trägt schwarz
und jene satte Unruhe
wie sie der Devisenbestand
der Bank deutscher Länder[1]
verleiht.
Im Glas spiegeln sich
Kastanien und grauer Sandstein
Korallenrot

---

[1] Devise: Zahlungsmittel in ausländischer Währung, Bank deutscher Länder: Vorgängerin der Deutschen Bundesbank, von 1948 bis 1957 die Zentralbank der BRD

Schwarze Unruhe
Intrigen
Preiserhöhungen
und Bromsilber-Chrom:
die Welt ist eine Fotografie.
(Noch ein paar Takte Musik, dann Pause)

MÄDCHEN: Die Anni sagt immer, ich sei unnatürlich, weil ich mir nichts aus den ganzen Sachen mache, die wir im Laden haben. Aus den Nylonblusen und den Strümpfen und der feinen Wäsche. Aber ich finde die Anni blöd, weil sie sich für überhaupt nichts anderes interessiert. Der Chef hat mich in die Herrenabteilung gesteckt, weil ich mit den Herrensachen viel mehr anfangen kann, mit den festen ordentlichen Stoffen, aus denen die Sachen für Männer gemacht werden, so ein richtiges englisches Tweedjackett zum Beispiel finde ich wunderbar, oder eine Hose aus dickem Männerflanell oder Kammgarn – am liebsten würde ich mich anziehen wie ein Mann. Der Chef hat gelacht, als er es hörte, und er hat gesagt: „Komisch – dabei sehen Sie gar nicht aus wie ein Mann!" Und er hat gesagt: „Sie sind ja unbezahlbar für meine Herrenabteilung – jemand, der so wenig wie ein Mann aussieht und sich dabei so für Herrengarderobe interessiert!" Seitdem verkaufe ich Tweedjacketts und Flanellhosen und Herrenhemden und ich mag Männer nicht, die Nylonhemden oder Popeline-Jacketts oder Kunstseidekrawatten kaufen, Männer sollten Sachen aus Wolle oder Baumwolle oder Leinen oder hartem festen Gabardine oder Kord anziehen. Und Frauen eigentlich auch. Ich rate den Herren immer zu den festen guten Qualitäten, und wenn sie über die Preise stöhnen, dann zeige ich ihnen den Unterschied zwischen einem wertvollen, festen, dicht geschlagenen Wollstoff und einem billigen, lockeren Mischgewebe und beweise ihnen, dass sie billiger kaufen, wenn sie teuer kaufen. Ich selbst habe mir ein Kostüm aus einem dünnen, grauen und erstklassigen Tweed machen lassen und darunter trage ich weiße Leinenblusen, Blusen aus ganz leicht nach gelb hinüberspielendem Weiß, die sehr gut zu meinem braunen Teint passen, und meine schwarzen Haare habe ich straff nach hinten gekämmt und ganz hoch am Kopf zu einem Pferdeschwanz zusammengebunden. Ich bin nur ein Lehrmädchen, aber ich habe schon Stammkundschaft, der Chef behandelt mich wie ein rohes Ei und die Direktrice[1] der Herrenabteilung ist sehr freundlich zu mir, ein kleines bisschen giftig, aber freundlich. Und wahrscheinlich mag sie mich sogar ganz gern.

(Pause)

Ich habe Stammkunden, aber sie interessieren mich nicht sehr, obwohl ich weiß, warum sie zu mir kommen. Warum sie sich von mir beraten lassen, obwohl ich so jung bin. Ich kann sie um den Finger wickeln – aber ich verstehe auch etwas von Stoffen; ich habe die Materialkunde schnell gelernt. Manchmal kommandiere ich die Kunden einfach herum, das macht mir Spaß, aber eigentlich interessieren sie mich nicht. Was mich interessiert, das sind die Stoffe. Aber heute Abend ist ein Kunde gekommen, der hat mich interessiert.

(Pause)

Manchmal frage ich mich selber, ob es stimmt, was die Anni sagt: dass ich unnatürlich bin, weil ich nichts mit den feinen Damensachen anfangen kann. Ich finde es nur einfach blöd, dass ich Nylonstrümpfe tragen muss, und feine Wäsche, und dass ich wissen muss, welche Nagellackfarbe zu meiner Haut passt. Übrigens verstehe ich auch davon mehr als die Anni, die ihre Nägel mit einem ganz unmöglichen Rot anstreicht und einen Haufen Geld für ihre scheußlichen Frisuren ausgibt. Ich möchte anders sein. Ich möchte hart und fest und sauber sein, wie ... wie ...

(Pause)

Einmal, als ich gerade einen Kunden bediente, habe ich den Chef, der mich beobachtete, zur Direktrice sagen hören: „Sie ist ein kleines Biest!" Seitdem weiß ich, wie ich sein möchte. Ein Biest – das ist doch ein

[1] leitende Angestellte

Tier. Oh ja, ich möchte wie ein kleines, hartes, festes, sauberes Tier sein. Ich liebe Tiere. Am liebsten habe ich Pferde. Einmal habe ich Pferde ganz nah gesehen, auf dem Land, in einem Stall. Ich hatte nicht die geringste Furcht vor ihnen. Da war ein junges Pferd, kein Fohlen mehr, sondern schon eine junge Stute; ich habe gewartet, bis die anderen, mit denen ich aufs Land gefahren war, den Stall verlassen haben, und dann bin ich zu der jungen Stute hingegangen und habe ihre Schnauze umarmt. Sie roch wunderbar und ihr Fell war hart und sauber und ganz glatt und ich dachte: Ich möchte so ein Fell tragen. Als ich die Stute losließ, stand ein Stallknecht neben mir und sagte: „Na, Sie sind scheint's an Pferde gewöhnt, Fräuleinchen." Ich bin gar nicht an Pferde gewöhnt, aber seitdem ist es mein heißester Wunsch, reiten zu können, ich weiß, ich würde eine wunderbare Reiterin werden, aber natürlich ist gar nicht daran zu denken, mein Vater ist ein kleiner Postbeamter, und nach der Volksschule musste ich ein Ladenmädchen werden. Vielleicht werde ich einmal so viel Geld verdienen, dass ich Reitstunden nehmen kann, oder vielleicht heiratet mich ein Reicher, aber dann wird es zu spät sein. Jetzt müsste ich anfangen zu reiten, jetzt, solange noch dieser rasende Wunsch in mir ist, aus einem gepflegten kleinen Biest von Ladenmädchen ein hartes, sauberes, glattes Tier zu werden, eine feste kleine Stute mit einem Stutenfell.

(Pause)

Damit hängt es zusammen, dass mich der Kunde heute Abend gleich so interessiert hat.

(Pause, Jazzcombo)

SPRECHERGRUPPE:

Kentucky[1]
Blaue Weide
Riesige rote barns[2]
manchmal von Tornados getroffen.

---

1 Staat der USA
2 Scheune

Vollblut in Herden
Rappen
in blauem Gras.
Das harte Knappern
des weidenden Pferdemauls.
Orlando, Sieger des Derbys von Saratoga[1],
allein hinter weißem Staketenzaun[2].
Geruch von Sätteln
und Buchmacherei.
Gary Cooper[3], ehe er nach Hollywood ging,
und Henry Wallace[4], die Chancen einer sozialistischen
Agrarpartei erwägend
und verwerfend.
Die letzten Liberalen
und die Männer von Peitsche und Sporen.
Die Freiheit
neben der Gesetzlosigkeit.
Das Gefühl des Reitens
im Vergleich zum Gefühl des Gehens.
Man schwebt,
das Fell der schwarzen Stute
zwischen den Schenkeln
über blauen Weiden.
Kentucky.
(Noch ein paar Takte Musik, dann Pause)

MÄDCHEN: Der Kunde war ein Chinese. Ein amerikanischer Chinese. Unser Geschäft ist am Bahnhofsplatz und wir haben alle Arten von Kunden. Auch amerikanische Chinesen habe ich schon öfters bedient. Die Amerikaner nennen sie „Chincks“. Dieser Chinck war jung. Er verlangte ein Nylonhemd. Ich legte ihm Nylonhemden vor und ein paar Leinenhemden daneben und ich fragte ihn, ob er nicht lieber ein Leinenhemd wolle, aber er sagte ganz ruhig, er zöge Nylonhemden

---

1 Pferderennen in einer Stadt im Staat New York, USA
2 Holzlattenzaun
3 amerikanischer Filmschauspieler, häufig Darsteller in Western
4 amerikanischer Politiker, trat für ein Zusammengehen der USA mit der damaligen UdSSR ein

vor – er sprach ein ziemlich gutes Deutsch –, und er sagte es so, dass ich auf einmal fühlte, es wäre Unsinn, ihm noch länger von Leinenhemden zu sprechen. Er war also eigentlich gar nicht mein Fall, aber während ich sonst, wenn ich einen Kunden bediene, zugleich beobachte, was alles noch im Laden vorgeht, sah ich diesmal nur diesen Chinck und sonst nichts. Dabei tat er überhaupt nichts, um meine Aufmerksamkeit zu erzwingen, sondern er prüfte nur die Hemden, er sah mich kaum an, und als er ein Hemd gewählt hatte und ich ihm den Kassenzettel gab, fragte er, wann wir Geschäftsschluss hätten, ob er mich nach Geschäftsschluss abholen und mich zum Abendessen einladen dürfe. Es war nicht das erste Mal, dass mir ein solches Angebot gemacht wurde, und ich muss zugeben, dass ich auch schon ein paarmal solche Angebote angenommen habe, aber es war nie so, dass ich es mir nicht genau überlegt hatte, ehe ich ja sagte. Diesmal habe ich es mir nicht überlegt. Ich hatte einfach keine Möglichkeit, es mir zu überlegen, denn der junge Chinese sprach mit einer kühlen Selbstverständlichkeit, wie ich sie noch nie erlebt hatte. Sonst, wenn mir ein solcher Vorschlag gemacht wird, sind die Männer entweder verlegen, oder sie machen sich stark, oder sie witzeln oder tun falsch väterlich. Dieser hier stellte einfach nur seine Frage, kühl und sachlich, aber unter seiner kühlen Höflichkeit spürte ich etwas, das sich anfühlte wie Stahl, und ich sagte, wir schlössen um sechs. Er sagte, er würde da sein, und dann ging er zur Kasse, ich brachte das Hemd zum Packtisch, und dann ging ich rasch einen Augenblick nach hinten. Die Anni sah mich und sagte, ich sähe aus, als hätte ich soeben ein Gespenst gesehen.

(Pause)

Als ich um zehn nach sechs aus dem Geschäft kam, stand er da. Er hatte einen Anzug aus blauer Rohseide an und das neue Nylonhemd – er ist überhaupt nicht mein Fall, dachte ich, er ist genau so angezogen, wie Männer nicht angezogen sein sollten, aber es war zu spät – und wir gingen zu seinem Auto. Er hatte einen mächtigen, knallroten, verbeulten alten Chevrolet. Wir setzten uns rein und er stellte sich vor. „Wong“, sagte er, „Jimmy Wong“. Ich nannte meinen Namen. Während er fuhr, konnte ich ihn beobachten: Er war ziemlich jung und unter der Rohseide und dem Nylon war er mager und hart, obwohl er eine gelblich-braune Haut hatte, die so glatt war wie seine Rohseide. Es war scheußlich heiß heute Abend, aber seine Haut war vollständig trocken; kühl, aufmerksam und beweglich lenkte er das Auto durch den Stoßverkehr. Er fragte mich nicht, wo wir hinwollten, sondern er fuhr zum Restaurant Schönblick, und es stellte sich heraus, dass er einen Tisch bestellt hatte. So etwas war mir noch nie passiert und ich fand es riesig nett.

(Pause)

Er hatte auch schon das Menu bestellt. Es gab Weinbergschnecken und gedünstetes Kalbfleisch mit gebratenen Bananen und Reis, und hinterher Cassata. Wir tranken Weißwein dazu. Ich protestierte.

(Raumwechsel)

Sie dürfen nicht so viel Geld ausgeben für mich!

WONG: Solange ich hier bei der Armee bin, habe ich Geld genug.

MÄDCHEN: Wie lange müssen Sie noch Soldat sein?

WONG: Drei Monate.

MÄDCHEN: Und dann?

WONG: Zurück nach den Staaten.

MÄDCHEN: Wo sind Sie zu Hause?

WONG: Kentucky.

MÄDCHEN: Und was werden Sie machen, wenn Sie wieder in Kentucky sind?

WONG: Ich bin Jockey.

(Raumwechsel)

MÄDCHEN: Da wusste ich, warum ich auf diesen Kunden hereingefallen war. Er war ein Mann, der mit Pferden zu tun hatte, und ich muss es gespürt haben. Er kam von den Pferden her auf mich zu.

(Raumwechsel)

WONG: Ich eigne mich sehr gut zum Jockey, müssen Sie wissen, weil ich so klein und leicht bin und trotzdem sehr stark. Da – fühlen Sie mal!

(Raumwechsel)

MÄDCHEN: Er bog seinen rechten Arm ab, ganz ungeniert, und ich fasste die Muskeln seines Oberarms an. Es war, als berührte ich eine mit Rohseide überzogene Stahltrosse.

(Raumwechsel)

WONG: Ich bin eigentlich aus San Francisco, meine Eltern haben dort eine Wäscherei, aber eines Tages lernte ich einen Mann kennen, der mich mitnahm nach Kentucky. Er sagte, ich gäbe einen wunderbaren Jockey ab, so, wie ich gebaut sei. In Kentucky gibt es eine Masse Pferde. Der Mann, der mich mitnahm, ist ein großer Züchter, er hat auch ein Renngestüt und er „baut mich auf", wie sie dort sagen. Für die großen Rennen bin ich noch zu jung, aber in ein paar Jahren ist es so weit und dann werde ich viel Geld verdienen.

(Raumwechsel)

MÄDCHEN: Ich wurde ganz traurig, als er mir von den Pferden in Kentucky erzählte, aber ich brachte es nicht über mich, ihm etwas von meiner Liebe zu Pferden zu sagen, es hätte albern geklungen, einem Jockey zu erzählen, dass ich ein einziges Mal die Schnauze einer Stute umarmt habe. Ich traute darum meinen Ohren nicht, als ich ihn sagen hörte:

(Raumwechsel)

WONG: Ich werde Sie ein bisschen trainieren.

MÄDCHEN: Was wollen Sie tun?

WONG: Ich werde ein bisschen mit Ihnen arbeiten.

MÄDCHEN: Sie meinen ... mit Pferden?

WONG: Ja, mit Ihnen und Pferden.

MÄDCHEN: Wie kommen Sie denn auf d i e Idee?

WONG: Weshalb glauben Sie denn, dass ich Sie heute Abend eingeladen habe? Natürlich auch, weil Sie mir gefallen. Aber als Sie mit Ihren scheußlichen Leinenhemden anfingen, habe ich Sie mir angesehen. Sie würden eine sehr gute Reiterin abgeben.

MÄDCHEN: So – und woran sieht man das?

WONG: Sie sind nicht sehr groß, schlank und fest gebaut. Sie haben relativ lange Beine und einen kurzen Oberkörper. Sie sind jetzt nicht sehr kräftig, aber im Training werden Sie kräftig werden. Ihre Hände sind hart und zugleich sieht man, dass sie fühlen können. Sie haben einen guten Geruch an sich, nicht nur ein Parfüm. Pferde lieben es, wenn der Reiter gut riecht.

(Raumwechsel)

MÄDCHEN: Ich war starr. Er hatte mich also von oben bis unten taxiert[1], vorhin, im Laden. Es zwar ziemlich unverschämt. Aber es war zugleich außerordentlich angenehm. Noch nie hatte ein Mann so mit mir geredet.

(Raumwechsel)

Aber ich habe bisher nichts mit Pferden zu tun gehabt.

WONG: Ja, es wird höchste Zeit, dass Sie anfangen.

MÄDCHEN: Wie denn anfangen?

WONG: Ah, es wird furchtbar langweilig sein für Sie. Versprechen Sie sich nur nicht zu viel davon. Sie müssen zuerst nur Gymnastik am Pferd machen und ich werde Ihr Pferd an die Longe[2] nehmen und immer im Kreis herumführen. – Wann beginnt Ihre Arbeitszeit?

MÄDCHEN: Morgens um neun.

WONG: Ausgezeichnet. Dann können wir von sechs bis sieben Uhr miteinander arbeiten. Das lässt Ihnen zwei Stunden Zeit auszuruhen, zu frühstücken und sich fürs Geschäft umzuziehen. Ich habe, glaube ich, ein paar alte Reithosen für Sie, die Ihnen passen könnten.

(Raumwechsel)

MÄDCHEN: Ich war während unseres Gesprächs und bin jetzt noch entsetzt darüber, dass ich mich ohne jede Gegenwehr allem gefügt habe, was er vorschlug. Ich hätte wenigstens so tun müssen, als zögerte ich. Aber er ist ein Mann, bei dem man fühlt, dass es sinnlos ist, die üblichen Tricks anzuwenden. Er ist ein Mann, der ein Nylonhemd kauft, wenn er sich entschlossen hat, ein Nylonhemd und nichts anderes zu kaufen. Dabei ist er gar nicht herrisch. Er ist von kühler, bestimmter

1 genau beobachten
2 sehr lange Laufleine für Pferde

Höflichkeit. Vielleicht bin ich auf ihn hereingefallen, weil er natürlich etwas Exotisches an sich hatte; er war genau so, wie man sich einen Chinesen vorstellt. Ich war wie hypnotisiert von ihm.

(Pause)

Und dann hatte ich natürlich das Gefühl, dass etwas auf mich zukam. Die Pferde kamen auf mich zu. Aus China und Kentucky kamen die Pferde auf mich zu und trabten in mein Ladenmädchen-Dasein hinein und zerfetzten mit ihren Hufen die Nylonstrümpfe und die feine Wäsche im Laden meines Chefs, und ich trabte schwesterlich mit ihnen, ich wurde aus einem gepflegten kleinen Ladenmädchen zu einer harten, schwarzen kleinen Stute – einer Stute an der Longe von Jimmy Wong.

(Pause)

Ich raffte mich zu einem matten Widerstand auf. Er konnte ja auch ein Schwindler sein.

(Raumwechsel)

Ich denke, Sie sind bei der Armee? Lässt Ihnen der Dienst denn so viel Zeit?

Wong: Wozu, glauben Sie, verwendet die Armee einen Mann wie mich? Ich bin zum Reitstall des Hauptquartiers abkommandiert. Und sie lassen mich machen, was ich will. Ich kann Sie natürlich nicht dort trainieren, das wäre gegen die regulations. Aber ich arbeite morgens in einem kleinen deutschen Stall, für mich privat, sie haben da ein paar erstklassige Hannoveraner, der General ist mit der deutschen Dame befreundet, der der Stall gehört – also da kann ich Sie morgens eine Stunde mit hinnehmen.

(Raumwechsel)

Mädchen: Ich kapitulierte. Ich fühle mich wie eines von den Mädchen, die zum Film wollen und zum ersten Mal von einem Produzenten eingeladen worden sind. Der Unterschied war nur, dass Jimmy Wong gar nicht wissen konnte, wie scharf ich auf das war, was er mir anbot. Und er benahm sich nicht so, wie man sagt, dass sich Filmproduzenten benehmen. Er fuhr mich nach Hause, und als wir angekommen waren, blieb er am Steuer sitzen, ich dachte, jetzt geht es los, jetzt wird er versuchen,

mich zu küssen, wie es die anderen, mit denen ich ausgegangen bin, auch immer versucht haben, aber er tat nichts dergleichen, sondern er fragte plötzlich:
(Raumwechsel)

WONG: Können Sie Chop-Suey kochen?

MÄDCHEN: Nein. Ich habe es einmal gegessen, im Chinesischen Restaurant, aber ich weiß nicht, wie man es macht.

WONG: Es ist ganz einfach. Sie brauchen dazu Hühnerfleisch, Schweinefleisch, Schinken und Speck.

MÄDCHEN: *(spöttisch)* Ziemlich einfach.

WONG: Sie müssen diese vier verschiedenen Fleischsorten jede für sich in Öl backen. In Öl oder auch in Speck. Und mit Sojabohnen-Extrakt.

MÄDCHEN: Man muss also möglichst vier verschiedene Pfannen haben?

WONG: Wir haben dafür kleine Tiegel. Sie sind sehr hübsch.

MÄDCHEN: Und dann?

WONG: Dann schneidet man Paprikaschoten, Lauch und Zwiebeln in längliche Streifen und dünstet sie, jede für sich, mit Sojabohnen-Extrakt.

MÄDCHEN: Ich zähle bereits sieben von Ihren hübschen kleinen Tiegeln.

WONG: Am Schluss, wenn das Fleisch fertig gebacken und die Gemüse fertig gedünstet sind, mischt man den Inhalt der sieben Tiegel. Aber es darf kein Brei entstehen. Nicht das, was Sie, glaube ich, „Eintopf" nennen. Die Bestandteile müssen sauber voneinander getrennt bleiben.

MÄDCHEN: Eine nette kleine Aufgabe für eine Meisterprüfung im Kochen!

WONG: Man mischt das Ganze mit Öl, Weißwein und mit etwas Curry-Sauce.

MÄDCHEN: Auch das noch!

WONG: Öl und Weißwein tut man schon vorher während des Backens und Dünstens in die kleinen Tiegel. Nur die Curry-Sauce fügt man erst am Schluss dazu. Es kommt bei Chop-Suey sehr darauf an, dass man die Mischung trifft.

MÄDCHEN: Ja, das scheint mir auch.

WONG: Es ist viel leichter als Reiten. Als gut Reiten, meine ich. Ich werde einmal für Sie Chop-Suey kochen. Ich weiß, dass Sie es schnell lernen werden.

(Raumwechsel)

MÄDCHEN: Mich überlief eine kleine Gänsehaut, als ich ihn das sagen hörte. Er schien ziemlich viel von mir verlangen zu wollen. Und das Tollste war die Selbstverständlichkeit, mit der er sprach. Als sei es schon abgemacht, dass ich lernen werde, Chop-Suey zu kochen. Chop-Suey-Kochen schien mir übrigens das Gegenteil von Reiten zu sein; es hatte irgendwie mit der anderen Seite meines Lebens zu tun, mit meiner gepflegten, kultivierten Verkäuferinnen-Existenz, damit, dass ich wusste, welche Nagellackfarbe ich zu wählen hatte und welche Stoffe zu meiner Haut passten. Und Jimmy Wong schien von mir zu verlangen, dass ich beides sein solle: die glatte schwarze Stute und die raffinierte kleine Frau. Es war alles ziemlich schwierig für mich zu begreifen, und ich begriff es auch gar nicht, ich fühlte es nur. Ich begreife es jetzt, während ich im Bett liege und versuche einzuschlafen, damit ich morgen früh frisch bin.

(Pause)

Ehe wir uns verabschiedeten, erklärte er mir noch, wo ich morgen früh hinkommen müsse. Der Reitstall war in Leonberg, und das ist ein ziemlich weiter Weg aus der Stadt heraus. Er sagte, er wolle mich so oft wie möglich mit dem Auto abholen und hinbringen, aber morgen früh ginge es nicht, weil er seinen Wagen für morgen einem Freund versprochen habe. Ich überlegte, wie ich hinauskäme, und mein altes Fahrrad im Keller fiel mir ein.

Ich werde mit dem Fahrrad kommen.

WONG: Kennen Sie die Straße?

MÄDCHEN: Ich kenne den Stadtwald sehr gut.

WONG: Kurz vor Leonberg müssen Sie aufpassen. Man hat eine neue Zubringerstraße zur Autobahn gebaut, und die Abzweigung ist schlecht markiert. Man fährt fast automatisch in die Zubringerstraße hinein, wenn man nicht aufpasst. Mir selber ist es schon zweimal passiert.

MÄDCHEN: Ich werde aufpassen.

(Raumwechsel)

Wir sagten uns Gute Nacht und ich stieg aus. Er fuhr weg, noch ehe ich die Haustüre geöffnet hatte. Ich ging rauf, Mutter war noch auf, und ich ließ mir von ihr den Kellerschlüssel geben und erzählte ihr alles, sie schüttelte zwar den Kopf, aber es imponierte ihr, dass Jimmy Wong sonst nichts von mir gewollt hatte. Sie versteht nicht, dass er viel mehr von mir will als die anderen. Das Fahrrad im Keller hielt die Luft, als ich es aufpumpte.

(Pause)

Und nun liege ich im Bett und kann nicht einschlafen, weil ich mir vorkomme wie im Märchen. Und wie beim Märchenerzählen früher habe ich ein bisschen Angst. Ich schaue von Zeit zu Zeit auf die Uhr und ich erschrecke darüber, wie spät es schon ist. Halb zwei. Jimmy Wong. Ich muss reiten und Chop-Suey kochen lernen.

(Pause)

Ich muss aufpassen, dass ich nicht auf die Zubringerstraße Autobahn gerate, morgen früh.

(Pause)

Ach so, es ist ja schon morgen früh.

IV.

ANSAGER: Drei Leute hatten mit der Sache zu tun: der Tankwart, der Manager, das Mädchen. Für den Manager und das Mädchen ist die Sache abgeschlossen. Für den Tankwart noch nicht. Befassen wir uns noch einen Augenblick mit ihm.

(Raumwechsel)

TANKWART: Ich war nach Arbeitsschluss in der Rotebühlstraße, auf der Nummernkartei, und ich weiß jetzt, wem der Wagen S-U 866 gehört. Ich habe eine schlaflose Nacht verbracht, jetzt sitze ich wieder im Tankstellen-Büro, es ist sechs Uhr morgens und ich weiß, dass dies der letzte, aber schon wirklich der allerletzte Termin ist, an dem ich mich melden und Sachdienliches mitteilen kann. Wenn ich jetzt anrufe und sage, wie es gewesen ist, werden sie mich zwar anschnauzen, aber sie werden mich straffrei ausgehen lassen.

(Pause)

Es ist ganz selbstverständlich, anzurufen. Es gibt überhaupt keinen Grund, warum ich nicht sofort nach dem Hörer greifen und der Kriminalpolizei alles mitteilen sollte. Es ist sogar unbedingt notwendig, denn wenn sie den Kerl ohne meine Hilfe fassen und er erzählt, wie er weg kam, dann hänge ich wegen Hehlerei schwer mit drin.

(Pause)

Das nette Mädchen! Ihr Bild war in den Abendzeitungen. So ein Schweinehund – der Herr Generaldirektor! Das können sie, diese großen Herren – uns Kleine überfahren und dann abhauen.

(Pause)

Worauf warte ich noch? Darauf, dass es aufhört, in mir zu sagen: Du bist ein verdammter Feigling? Ach, es wird nie aufhören. Nie werde ich aufhören, mir vorzuwerfen, dass ich den Oberfeldwebel Heiß nicht umgelegt habe. Dass ich den Hundertmarkschein genommen habe. Und dass ich jetzt, in dieser Minute, weiß: Wenn ich den Hörer abnehme, bleibe ich, was ich war: ein Feigling. Die Anzeige bei der Polizei löscht nicht aus, dass ich gekuscht habe. Sofort und auf der Stelle gekuscht, als ich die Macht spürte. Die Anzeige bei der Polizei setzt meine Feigheit fort: Sie ist die Rache eines Feiglings. Ich selbst bin der Oberfeldwebel Heiß.

(Pause)

Ich zögere, weil ich weiß, ganz tief drinnen weiß, dass mein Schweigen die Kette meiner Angst zerreißen würde. Ich wäre allein – allein mit meiner Tat.

(Pause)

Wenn ich nur wüsste, was ich tun soll?

(Pause)

Soll ich anrufen?

(Pause)

Soll ich schweigen?

(Pause, Jazzcombo setzt langsam ein)

SPRECHERGRUPPE:

Autobahnausfahrt Stuttgart Nord
Zubringerstraße
Tankstelle in fadem Grünzeug
Angst und Hitze
Lungenkrebs und Kristallglas
Chop-Suey und die Pferde von Kentucky
Die zerschmetterte Schläfe
Der Zufall
und die Sinnlosigkeit.
Die Welt ist keine Fotografie.
Sie ist
Camparirot
Korallenrot
Blutrot.
Sie ist voller Fahrer-Flucht
Zufall
und Sinnlosigkeit
täglich
stündlich.
Soll man anrufen?
Soll man schweigen?

(Noch ein paar Takte Musik)

Anhang

1. Biografische Notizen

Alfred Andersch

* 4.2.1914 *in München*
† 21.2.1980 *in Berzona/Schweiz*

Wegen seiner Mitgliedschaft im kommunistischen Jugendverband musste Andersch 1933 als einer der Ersten drei Monate im KZ Dachau verbringen. Bis zu seiner Einberufung zum Wehrdienst arbeitete er als kaufmännischer Angestellter. 1944 desertierte er in Italien von der Wehrmacht und geriet in amerikanische Kriegsgefangenschaft, aus der er 1945 entlassen wurde. In den folgenden Jahren war er als Mitarbeiter der „Neuen Zeitung" (Kästner) in München, als Herausgeber der Zeitschriften „Der Ruf" und „Texte und Zeichen" und als Redakteur bei mehreren Hörfunksendern tätig. Seit 1958 lebte er als freier Schriftsteller in der Schweiz. Neben Romanen schrieb Andersch Hörspiele [*u. a. Fahrerflucht, 1958*] Essays, Erzählungen, Lyrik und autobiografische Texte, wie z. B. *Der Vater des Mörders* (1980), in dem er seine Jugend in München erzählt.
Schon in seinem ersten Roman, *Die Kirschen der Freiheit* (1952), verarbeitete Andersch neben autobiografischen Motiven (Desertion in Italien) ein Thema, das ihn sein ganzes Leben lang beschäftigte: die frei getroffene, für das weitere Leben richtungweisende Entscheidung des Einzelnen, sich durch Flucht allen Formen des gemeinschaftlichen Zwangs (Staat, Partei, Gesellschaft, Umwelt, Ehe) zu entziehen. Anderschs Personen entfliehen jedoch nicht aus der Welt, sondern begeben sich kritisch, bewusst und selbstverantwortlich in sie hinein, um für mehr Menschlichkeit in der Gesellschaft zu kämpfen. Wegen dieser Haltung und seiner Desertion wurde er im Nachkriegsdeutschland als „Vaterlandsverräter" und „dubioses Element" angefeindet und verdächtigt. In *Sansibar oder der letzte Grund* (1957) schildert er verschiedene Möglichkeiten und Notwendigkeiten der Flucht. Dass Flucht oder Fluchthilfe aber auch Verantwortung heißt, zeigt Andersch darin in den Figuren des Fischers und seinem Schiffsjungen. Die Selbstbefreiung aus Zwängen gelingt in Anderschs Werken meist Frauen, so Franziska, die in *Die*

Rote (1980) erfolgreich ihrer Ehe entflieht, oder in *Winterspelt* (1974), einer Geschichte über das Eifeldorf, in dem seine Frau evakuiert war. In diesem Roman spielt er die Möglichkeit einer kampflosen Übergabe im Krieg durch, indem er in Form eines Tagebuches mosaikartig erfundene Geschichten, die sich aber so abgespielt haben könnten, mit realen Elementen (Zitaten, Dokumenten, Daten u. a.) verbindet.

Aus: dtv junior Literaturlexikon. Herausgegeben von Heinrich Pleticha. Berlin und München: Cornelsen und Deutscher Taschenbuch Verlag, 1986, S. 117

Alfred Andersch: Die Kirschen der Freiheit (Auszug)

In dem 1952 erschienenen Bericht „Die Kirschen der Freiheit" entwirft und schildert Andersch seinen Freiheitsbegriff. Das Buch beschreibt einen solchen Augenblick der Freiheit, der sich eigentlich nur in einer kurzen Sekunde realisieren lässt. Der Moment, der einer Entscheidung vorausgeht, wird dabei hervorgehoben.

Kopflose Furcht hat mich nur einmal in meinem Leben ergriffen, im Herbst 1933, in jener Zelle des Münchner Gestapo[1]-Gefängnisses, als ich zum zweiten Mal verhaftet worden war. Die Furcht und ihre höchste Steigerung, der Schrecken, kommen von außen auf den Menschen zu, während die Angst bereits von Anfang an in ihm eingeschlossen ist. Sie gehört, ebenso wie der Mut, zu seiner Natur. Zwischen Angst und Mut treten die beiden anderen natürlichen Eigenschaften des Menschen, Vernunft und Leidenschaft. Sie führen die Entscheidung, die er zwischen Mut und Angst zu treffen hat, herbei. In jenem winzigen Bruchteil einer Sekunde, welcher der Sekunde der Entscheidung vorausgeht, verwirklicht sich die Möglichkeit der absoluten Freiheit, die der Mensch besitzt. Nicht im Moment der Tat selbst ist der Mensch frei, denn indem er sie vollzieht, stellt er die alte Spannung wieder her, in deren Strom seine Natur kreist. Aufgehoben wird sie nur in

1 Abkürzung für Geheime Staatspolizei, Machtwerkzeug des nationalsozialistischen Staates

dem einen flüchtigen Atemhauch zwischen Denken und Vollzug. Frei sind wir nur in Augenblicken. In Augenblicken, die kostbar sind.
Mein Buch hat nur eine Aufgabe: einen einzigen Augenblick der Freiheit zu beschreiben. Aber es hat nicht die Aufgabe, zu behaupten, dass die Größe des Menschen sich nur in solchen Augenblicken verwirkliche. Es ist ein Leben denkbar, in dem die Freiheit niemals erfahren wird und das dennoch seinen vollen Wert behauptet. Der Wert des Menschen besteht darin, dass er Mut und Angst, Vernunft und Leidenschaft nicht als feindliche Gegensätze begreift, die er zerstören muss, sondern als Pole des einen Spannungsfeldes, das er selber ist. Denn wie kann bis zum Mord entschlossene Feindschaft herrschen zwischen Eigenschaften, die so offensichtlich zur menschlichen Natur gehören, dass, wollte man auch nur eine von ihnen amputieren, die Seele sterben müsste? Wie viele lebende Leichname gibt es, die – mag ihr Fleisch noch so blühen – gestorben sind, weil sie entweder die Angst oder den Mut, die Vernunft oder die Leidenschaft aus sich ausgerottet haben? Die Freiheit ist nur eine Möglichkeit, und wenn man sie vollziehen kann, so hat man Glück gehabt – worauf es ankommt, ist: sich die Anlage zur Freiheit zu erhalten.
[...]
Aus dem Nu der Freiheit – ich wiederhole: niemals kann Freiheit in unserem Leben länger dauern als ein paar Atemzüge lang, aber für sie leben wir –, aus ihm allein gewinnen wir die Härte des Bewusstseins, die sich gegen das Schicksal wendet und neues Schicksal setzt.

Aus: Alfred Andersch: Die Kirschen der Freiheit. Ein Bericht. Zürich: Diogenes, 1971, S. 83–85 und S. 126

Alfred Andersch: Postscript

1973 erscheint eine Ausgabe mit vier Hörspielen von Andersch, die auch „Fahrerflucht" beinhaltet. In einem Nachwort zu den Hörspielen schreibt der Autor Andersch einige Gedanken zur „Grundstruktur" der Hörspiele nieder. Dabei geht das Nach-

wort auf die Dramaturgie, die Umsetzungsmöglichkeiten des Hörspiels, ein. Hier unterstreicht Andersch die erzählenden Elemente des Hörspiels.

Die in diesem Band gedruckten Hörspiele entstanden in den Jahren 1957–1961. *In der Nacht der Giraffe* wurde vom Hessischen Rundfunk Frankfurt und vom Südwestfunk Baden-Baden in Gemeinschaft mit Radio Bremen erstaufgeführt. Hinter dieser einfachen Mitteilung verbirgt sich ein ganzer Komplex von Anregung, Mitarbeit und sorgfältiger Interpretation, zustande gebracht von den Redakteuren, Regisseuren und Schauspielern dieser Sender, denen ich an dieser Stelle einmal herzlich danken möchte.
Es sei mir erlaubt, zur Dramaturgie meiner Hörspiele das Folgende zu bemerken: *Fahrerflucht* und *Russisches Roulette* sind Erzählungen, in denen Erzähltes in Dialoge, Dialoge in Erzähltes übergehen, oder auch nicht übergehen, sondern hart gegeneinandergesetzt werden. Trotz mancher Finessen[1] (Wechsel in der Erzählfigur, Sprechergruppen als Erzähler, Zeit- und Raumverschiebungen) bildet eine ganz einfache epische Struktur die Grundform. Ich habe bisher in keinem meiner Hörspiele den Versuch unternommen, zu einer dramatisch-theatralischen Form zu gelangen. Die Hörspiele *In der Nacht der Giraffe* und *Der Tod des James Dean* sind hingegen nicht erzählerisch angelegt, sondern es handelt sich bei ihnen um Montagen, bei dem Ersteren um Montagen eigener, bei dem Letzteren um Montagen fremder Texte. Sie wollen nichts oder nur wenig erzählen, sondern Situationen und Tatbestände darstellen und durchsichtig machen. Auch hier keine Intention aufs Theatralische, eher vielleicht aufs Dokumentarische; merkwürdigerweise wurde *Der Tod des James Dean* jedoch von einigen Studio-Bühnen szenisch aufgeführt.
Die Entstehungsgeschichte von *Russisches Roulette* wird vielleicht den einen oder anderen Leser interessieren. Der Text ist als Film-Entwurf geschrieben worden (ich halte Hörspiel und Film gleichermaßen für epische, nicht für theatralische Literaturformen) und stellt einen ganz be-

1 Kunstgriffe

wusst unternommenen Versuch dar, gleichzeitig Film, Hörspiel und Erzählung sein zu wollen.

Berzona (Valle Onsernone), im März 1965

Alfred Andersch

Aus: Alfred Andersch: Hörspiele. Zürich: Diogenes, 1973, S. 153f.

2. Das Hörspiel

Das Hörspiel ist eine Textsorte, die ihre Existenz dem Rundfunk und seinen technischen Möglichkeiten verdankt. Es ist sozusagen ein Spielstück ohne Bühne. So nimmt das Publikum an der Inszenierung nicht sehend teil, sondern als Hörer des Rundfunkprogramms. Das Hörspiel bedient sich – im Unterschied zum Theaterstück bzw. zum Film – nur akustischer Mittel (Sprache, Geräusche, Musik). Filmtechnische Gestaltungsformen wie Schnitt, Montage und Rückblenden, die zeitlich vor der eigentlichen Handlung liegende Vorgänge aufgreifen, spielen eine große Rolle. Über diese Möglichkeit der Rückblenden und auch der Vorausdeutungen können Sinnzusammenhänge zwischen zeitlich auseinanderliegenden Ereignissen geschaffen werden. Hörspiele eignen sich besonders gut, Träume, Unterbewusstes und Unwirkliches darzustellen.

Heinrich Pleticha:
Was ist ein Hörspiel?

An einem Abend des Jahres 1938 brach in einigen Städten der amerikanischen Ostküste Panik aus. Tausende verließen fluchtartig ihre Wohnungen, versuchten, mit Autos, mit der Untergrundbahn oder zu Fuß die Städte zu verlassen, es gab verstopfte Straßen, es kam zu Unfällen. Die Polizei war machtlos. Dies alles war die Folge – eines Hörspiels. Eine Rundfunkstation hatte das Stück *Krieg der Welten* von Orson Welles (1915–1985) gesendet. Es beschreibt den vermeintlichen Angriff von Marsmenschen. Das Hörspiel war in den üblichen Sendeablauf eingebaut und die ersten Meldungen von der Invasion waren so realistisch, dass viele Hörer an einen wirklichen Angriff glauben mussten. Auch der im Anschluss an das Hörspiel gesendete Hinweis, es handle sich hierbei nur um Fiktion, beruhigte die Hörer zunächst nicht. Wenn dies auch ein Ausnahmefall war, so zeigt er doch, welche Wirkung diese damals verhältnismäßig neue Literaturgattung besaß. Zwar wollten die Sender gleich zu Beginn des Rundfunks ihren Hörern dramatische Werke bieten, es stellte sich aber bald heraus, dass Bühnenstücke sich nur sehr bedingt für Rundfunksendungen eigneten. Sie waren ja für Zuschauer, vielleicht auch noch für Leser geschrieben, die durch Regieanweisungen, das Bühnenbild, Gestik, Mimik usw. wichtige Informationen zum Verständnis des Stückes erhielten, die im Rundfunk nicht zu vermitteln waren. Deshalb entstanden bald Hörspiele im eigentlichen Sinne, d. h. in sich abgeschlossene Werke, in denen alles durch Worte – oder durch Geräusche – ausgedrückt wurde, was das Sehen also überflüssig machte. Dieser Verzicht hatte sogar den Vorteil, dass das gesprochene Wort so viel nachdrücklicher wirkte und eine größere Bedeutung bekam. Außerdem eröffnete die Technik Möglichkeiten, z. B. die Stimme zu verändern oder durch Geräusche eine bestimmte Atmosphäre hervorzurufen, die auf der Bühne so nicht möglich waren. Deshalb verwundert es nicht, dass bedeutende Autoren der damaligen Zeit, z. B. Brecht und Alfred Döblin, sich auch theoretisch mit dem Hörspiel auseinandersetzten. In Deutschland wuchs in den Jahren nach dem Zweiten Weltkrieg die Vorliebe für das Hörspiel noch, da es für viele Menschen die einzige Art Unterhaltung war – Bücher und Filme konnten in diesen Jahren nicht so einfach und billig hergestellt werden. Bald entwickelten sich bestimmte Hörspielgattungen, z. B. das Kriminalhörspiel, die ihren festen Platz im Sendeplan bekamen. Doch auch sie wurden durch das aufkommende Fernsehen immer mehr verdrängt. Dafür entwickelte das Hörspiel anspruchsvollere Formen, wie z. B. die Spiele von Günter Eich, Ilse Aichinger, Ingeborg Bachmann oder Max Frisch zeigen. Bevor das Hörspiel aber zu einer Sache weniger Spezialisten werden konnte – diese Gefahr bestand –, kam ihm die technische Entwicklung zu Hilfe. So wurden die Tonbandgeräte in ganz kurzer Zeit wesentlich verbessert. Man konnte nun Aufnahmen im Multiplay-Verfahren machen, d. h. auf ein schon bespieltes Band etwas aufnehmen, ohne die erste Aufnahme dabei zu löschen, und das mehrmals. Die leichte Handhabung der Bänder erlaubte Montagen, Schnitte, das Einsetzen oder Herausnehmen von Pausen, wodurch sich der Charakter einer Aufnahme völlig verändern ließ. Auch die Mischpulte wurden besser und einfacher; mit ihrer Hilfe konnte man Stimmen oder

Geräusche einblenden, hervorheben, ausblenden, übereinanderlegen. Auch die Mikrofone wurden leistungsfähiger, und zusammen mit Halleinrichtungen waren ganz neue Effekte zu erzielen. Besonders wichtig war die Einführung der Stereo-Technik auch bei Rundfunksendungen, denn nun konnte man den Stimmen nicht nur einen bestimmten Klang verleihen, sondern ihnen auch noch einen eigenen Raum zuweisen. Das vorläufige Ende dieser Entwicklung ist die Kunstkopfstereofonie, die das räumliche Hören, also auch von oben, unten, schräg vorn usw., fast perfekt nachahmt. Mit dieser Technik kann eine Unmittelbarkeit, Eindringlichkeit und Klarheit erreicht werden, die früher unvorstellbar war. Sie ermöglicht es, für den Hörer sofort verständlich, mehrere Zeitebenen darzustellen. Auch innere Monologe, verschiedene Bewusstseinsstufen, z. B. Traum und Wirklichkeit, Erinnerung und Gegenwart, sind durch akustische Mittel für den Hörer leichter erkennbar und unterscheidbar, als dies im Film möglich wäre. Natürlich kann und will das Hörspiel das Fernsehen oder den Film nicht ersetzen. Es ist eine andere Aussageform, die ihre eigenen Gesetze hat. Deshalb wird das Hörspiel wohl seine Faszination behalten, weil es trotz aller technischen Genauigkeit der Fantasie des Hörers mehr Freiheit lässt als viele andere Medien. Nicht ohne Grund wird deshalb einer der wichtigsten deutschen Literaturpreise, der Preis der Kriegsblinden, für das beste Hörspiel vergeben.

Aus: dtv junior Literaturlexikon. Herausgegeben von Heinrich Pleticha. Berlin und München: Cornelsen und Deutscher Taschenbuch Verlag, 1986, S. 44-45

3. Vergleichstexte

Die hier abgedruckten Texte von Werner Klose und Josef Reding greifen einerseits das Thema „Fahrerflucht“ in Variationen auf, andererseits sollen sie – zusammen mit den drei Fassungen der „Panne“ von Friedrich Dürrenmatt – Unterschiede zwischen erzählenden und dramatischen Texten, also solchen Texten, die ausschließlich in dialogischer Form geschrieben werden, hervorheben. In den Kurzgeschichten von Klose und Reding wird jeweils die Geschichte einer Fahrerflucht von einem greifbaren Erzähler geschildert. Die Untersuchung der Erzählperspektive der Geschichten macht diesen Umstand bewusst.
Die drei – relativ inhaltsidentischen – Ausschnitte aus dem Dürrenmatt-Text „Die Panne“ dagegen werfen ein unterschiedliches Licht auf die Gestaltungsmöglichkeiten ein und desselben Inhalts. Ein Tatbestand wird in drei verschiedenen Weisen verschriftet: Einmal als Hörspiel mit verschiedenen Stimmen, ein zweites Mal als Spiel-Stück für die Bühne für eine Aufführung vor Zuschauern und ein drittes Mal als ganz gewöhnliche Erzählung. Anhand dieser drei Textversionen lassen sich gut unterschiedliche Gestaltungsschwerpunkte und Formen erkennen. So ließe sich zum Beispiel als Möglichkeit der Text-Umformung die Erzählung stärker dialogisieren und so in ein Hörspiel umformen.

Werner Klose:
Am Roten Forst

Lohberg nahm Gas weg und zog den schweren Wagen scharf in die Kurve, ohne das Tempo zu drücken. Die Kette gelber Glühsteine krümmte sich glimmend ins Dunkel, aus dem die Scheinwerfer dem Wagen eine grelle Bahn schnitten. Mückenschwärme stürzten sich zum Totentanz in das Licht, zerplatzten an Kühler und Scheibe. Es war Spätsommer, schwül, aber Lohberg fühlte sich wohl.
„Armer Hund“, sagte er, „da hast du jede Sauerei mitmachen müssen. Schlecht eingeteilt, alter Junge!“
Er lachte, trat das Gaspedal durch und warf den Wagen sicher in die Gerade. Freie Bahn dem Tüchtigen, dachte der andere; aber er presste die Lippen zusammen und ließ Lohberg reden.

„In der Penne, da habe ich dich immer beneidet. Ich war dämlich und faul. Du hattest prima Zensuren und immer noch jede Menge Zeit für deine eigenen Sachen. Was dir spielend glückte, ging mir kaputt. Komisch, was?“

Aber Hansen schwieg. Er hatte Lohberg schon viel zu viel erzählt, und der verglich jetzt behaglich zwischen damals und heute. Ich hätte mich mit Lohberg nicht einlassen dürfen. Auf keinen Fall. Aber der drängte mir seine Hilfe auf. Und hätte ich ihn abweisen dürfen? Lohberg war die Chance, die Chance, die alle anderen bereits genutzt hatten, jeder für sich oder durch Leute wie Lohberg, die stark und erfolgreich waren. Große Leute in großen Wagen. An solche muss man sich halten, wenn man nicht auf der Strecke bleiben will. Krieg, Gefangenschaft – waren doch alle mal auf dem Nullpunkt, aber die anderen hatten sich schneller aufgerappelt als ich. Lohberg ist die Chance, auch für Inge und die Kinder. Schluss mit der stinkenden, spießigen Etagenwohnung, den Nörgeleien im Geschäft, dem täglichen Vorwurf, der mich trifft, wenn ich sie nur sehe, die anderen, die Erfolgreichen. Aber Lohberg hat mir eine Filiale gegeben – tausend Fixum, dazu Provisionen, Prämien, Abschreibungen.

„War auch bei uns damals nicht einfach“, sagte Lohberg, „denk nicht, dass es hier einfach war, sich über Wasser zu halten. Nein, aber natürlich nicht zu vergleichen mit dem, was du mitgemacht hast. Du, ich bin froh, dass ich dich getroffen habe. Weißt du, ich habe Schwein gehabt, damals, und ich habe was gutzumachen. Du, jetzt marschierst du mit Lohberg mit, Versandhaus Lohberg, hier im Süden, völlig konkurrenzlos.“

Keine Kurve, freie Sicht – Lohberg fuhr Höchstgeschwindigkeit. „Komisch, und früher war ich die größte Flasche, erst in der Penne und dann beim Kommiss[1]. Der Lohberg, das war die Niete.“

Er lachte breit. Sein Wagen fraß sich heulend in die Nacht hinein. Die Scheinwerfer zerschnitten ein Waldstück. Rotweiß ein Kurvenschild, aber Lohberg nahm das Gas nicht weg – er kannte die Strecke genau.

„Hier fahre ich zwei-, dreimal die Woche. Bei Tage triffst du auf der Strecke überall meine Lieferwagen – gelbe

1 Militärdienst

Kombis mit roter Schrift: Lohberg. Du, der Name ist hier ein Begriff."
Hansen ließ ihn reden. Der Motor lief auf vollen Touren, aber man merkte es dem schweren Wagen nicht an. Die Scheibe war von Insekten verschmiert. Hansen sah ein rotes Blinklicht, ein Warnschild: Baustelle. Lohberg bog aus. Die Tachonadel schlug nur wenige Striche zurück. Da sah Hansen das schwache Rücklicht eines Radfahrers aufleuchten. Er wollte etwas sagen, aber Lohberg war doch ein sicherer Fahrer. Etwas schlug kurz gegen den Wagen. Der Motor heulte auf, Lohberg gab wieder Gas. Hansen drehte sich kurz um: hinter ihm die Nacht, sonst nichts – das Rückfenster ein schwarzes Loch.
„Verdammte Schlaglöcher!", knurrte Lohberg, und dann sprach er von der Filiale. „Zum Ersten kriegst du deine Wohnung ..."
Hansen sah sich noch einmal um – der Radfahrer, da müsste doch ein Licht hinter uns sein. Aber Lohberg fuhr hundertzwanzig, und sie waren längst aus der Kurve heraus. Ein großer Garten ist dabei, dachte Hansen, Inge hat sich immer einen gewünscht, für die Kinder.
Lohberg steuerte sicher durch die leeren Straßen der Vorstadt. Er hielt am Portal eines Hotels. „Zimmer auf meinen Namen – es ist alles in Ordnung. Schlaf dich aus, alter Junge! Morgen musst du frisch sein. Morgen zeige ich dir meinen Betrieb. Also, dann gute Nacht!"
Hansen hatte schlecht geschlafen. Er war den Kaffee nicht gewöhnt und die vielen Zigaretten und er hatte über Lohberg nachgedacht. Nach dem Frühstück nahm er eine Tablette, um den Kopf klar zu haben. Lohberg sollte nicht merken, wie nervös und müde er war. Nachher ging es ganz gut. Toll, was der Lohberg da aufgebaut hatte, lückenlos durchrationalisiert nach amerikanischen Verkaufsmethoden. Ein Kerl, der Lohberg, ein Chef. – Mein Chef? Ich bin ein Idiot, ich bin undankbar; denn ich kann mich nicht freuen. Und ob ich das durchhalten werde? Liegt mir denn so ein Betrieb? Mensch, darauf kommt es nicht an. Lohberg ist die Chance. Mach was daraus!
Abends fuhr er mit der Bahn zurück. Er kaufte eine Zeitung, um sich abzulenken. Im Abteil saßen zwei Mädchen,

die sich mit Büroklatsch vergnügten. Hansen konnte es noch immer nicht fassen: Ich bin ein Chef, kein großer wie Lohberg, aber zehn oder mehr Mädchen wie die beiden dort arbeiten in der Filiale.

Er hatte Zeit, über eine Stunde, und so las er die Zeitung sehr genau, auch den Lokalteil, der ihn sonst nie interessierte. Die Zeitung war ihm fremd, so fremd wie die Stadt, deren Lokalnachrichten er las. Nächste Woche wird es die Stadt sein, in der ich arbeite, die Stadt, in die Inge zum Einkaufen fährt, wo die Kinder spielen und zur Schule gehen. Die Stadt, in der ich endlich zur Ruhe kommen werde. Später als die meisten, aber nicht zu spät. Freilich, es war Zeit geworden: ein Angestellter über Vierzig ist am Ende. Der bleibt, wo er sitzt, und wenn die Krankheiten kommen, schiebt man ihn ab. Arbeitslos oder Rente. Überall sind Leute knapp, aber solche wie mich gibt's genug.

Ein Sportfest – Eröffnung eines neuen Kinos – Direktorenwechsel im Mädchengymnasium – und Unfälle, Unfälle wie jeden Tag, da las man schon darüber weg: Bundesstraße 76, Baustelle am Roten Forst, Radfahrer tödlich verletzt, Fahrerflucht, zweckdienliche Angaben erbeten an ...

Hansen stutzte: das war doch? – Er las die Meldung noch einmal, Zeile für Zeile. Auch die Uhrzeit stimmte! „Verdammte Schlaglöcher", hatte Lohberg gesagt, aber als Hansen sich umgedreht hatte, da lag die Nacht, ein schwarzes Loch, im Rückfenster, sonst nichts.

Seine Finger zitterten. Er drückte die Zigarette aus, riss eine neue aus der zerdrückten Packung, kramte nach Feuer, schloss das Fenster wegen der Zugluft, rauchte hastig. Die Büromädchen stiegen aus. Er riss das Fenster auf. Sternenhimmel, über dem Lagerschuppen Baumspitzen – der Rote Forst? Drüben, da lag doch irgendwo die Straße, die sie gefahren waren. Noch einmal las er die Meldung, aber es gab keinen Zweifel. Zweckdienliche Angaben erbeten ...

Lohberg hatte es gar nicht gemerkt. Scheußliche Sache für ihn. Und für mich? Geht mich nichts an. Aber ich müsste ihm doch Bescheid sagen. Ich werde ihn anrufen – nein, bloß nicht am Telefon. Ich werde ihm schreiben. Geht auch nicht – ich habe nur die Anschrift des Büros, und wenn die Sekretärin die Post öffnet ... Klar, ich muss zurückfahren, gleich morgen. Ich muss mit Lohberg darüber sprechen, unbedingt. Fahrerflucht! Aber ich kann bezeugen, dass er nichts gemerkt hat.

Lohberg erhob sich hinter seinem Schreibtisch und kam ihm entgegen, frisch und aufgeräumt. „Alter Junge, dich hat's gepackt, was? Kannst dich von meinem Laden gar nicht trennen, wie? Ein Jammer, dass du noch vierzehn Tage warten musst." Er lachte breit und schob Hansen einen schweren Sessel zu.

„Also, schieß los! Dachte, du bist schon wieder in deiner alten Klitsche und verkaufst Lodenmäntel. Ausgerechnet Lodenmäntel!" Lohberg amüsierte sich sehr und bot Zigaretten an.

„Du, es ist mir furchtbar peinlich." Hansen stockte und sah zur Seite.

Lohberg kniff die Augen zusammen, dass sich die Backenpolster spannten. Plötzlich lachte er los, lauter als sonst: „Mensch, alter Junge, nicht böse sein! Aber daran hatte ich nicht gedacht. Selbstverständlich, ich schreibe dir sofort einen Scheck aus. Genügen zweitausend? Als Darlehen, wenn du willst. Bei mir verdienst du das spielend wieder herein. Du, die Campingartikel, die du übernimmst, sind ein Bombenschlager. Hol dir das Geld unten an der Kasse. Du kannst es jetzt brauchen, klar."

Hansen wurde übel. Lohberg rauchte Zigarren, schwere schwarze Zigarren, und Hansen hatte nie Zigarrenrauch vertragen.

„Aber, alter Junge, du bist ganz grün im Gesicht." Lohberg stand auf und kam näher. „Wer wird das denn so tragisch nehmen! Warte, ein Kognak stellt dich wieder auf die Füße." Er drückte eine Taste, sprach in ein Mikrofon. Hansen saß da und sagte nichts, er konnte nichts sagen. Ein Mädchen brachte den Kognak, einen Lohberg-Kognak aus dem Versandhaus. Hansen trank. Ihm war schwindlig, doch bald fühlte er sich etwas besser. Er hörte den anderen reden, aber die Stimme kam von weit her. Hansen sah durch das Fenster auf eine Straßenkreuzung. Die Ampel schaltete auf Rot. Baustelle, das Rücklicht des Radfahrers, ein Lebenslicht, schwach und klein. Und ein leichter Schlag rechts, im Rückfenster die Nacht. Aus.

„Entschuldige!“, sagte Lohberg, der seinen Sessel angestoßen hatte, als er mit mächtigen Schritten auf und ab ging.

Hansen nahm sich zusammen. „Ich komme nicht wegen Geld“, sagte er. „Ich dachte, dass du es selbst in der Zeitung gelesen hast.“

Lohberg stand still. Er sah ihn an.

„Was ist los, Hansen?“

Der trank den Rest aus dem Glas.

„Unsere Fahrt gestern – erinnerst du dich an die Baustelle?“

Aber er konnte nicht weiter. Er zog die zerknitterte Zeitung aus der Rocktasche und wies auf die Stelle. – Lohberg las und zuckte die Schultern. „Armer Kerl, aber so was passiert nun mal jeden Tag. Wir können da nichts machen.“

„Lohberg, aber das war doch dein Wagen! Du hast doch den Schlag auch gespürt.“

Lohberg stutzte, aber dann lachte er wieder, lachte das laute und sichere Lachen des Chefs. „Du, sei mir nicht böse, aber es war wohl zu viel für dich. Klar, nach allem, was du durchgemacht hast. Noch einen Kognak? – Also, du denkst, dass ich den Mann totgefahren habe. Mensch, Hansen, ich fahre seit zwanzig Jahren, und ich kann gar nicht mehr erzählen, wie oft ich diese Strecke schon gefahren bin. Natürlich, ich habe die Baustelle gesehen und den Radfahrer auch. Du, der Mann sitzt jetzt zu Hause und macht Mittag. Der fühlt sich wohler als wir beide.“

Lohberg trank und goss sich sofort wieder ein. Er war dick und schwitzte leicht.

„Du, der arme Kerl da“, Lohberg schob die Zeitung zur Seite, „den hat ein anderer auf dem Gewissen. Mann, wenn ein Radfahrer gegen den Wagen knallt, du, das hört sich anders an.“

Hansen stand auf. Einen Augenblick hielt er sich am Sessel fest. „Du hast recht, ich verstehe nichts davon. Aber müsste man nicht doch die Polizei benachrichtigen – ?“

„Verrückt! So was macht tausend Scherereien, und wir haben mit der Sache sowieso nichts zu tun. Lass die Finger davon und fahr nach Hause! Und das Geld behältst du. Hast genug Ausgaben jetzt. Den Umzug bezahle ich dir

übrigens. Heb dir die Belege auf wegen der Steuer!"
Hansen trank aus. Er fühlte sich besser und nahm auch das Geld. „Du, es ist mir schrecklich unangenehm." Aber Lohberg lachte ihn aus.

Lohbergs Hochhaus war verwirrend groß und wurde ausgebaut. So verfehlte Hansen den Vorderausgang und geriet in den Hof. Lieferwagen schwirrten um Verladerampen, die gelben Wagen mit Lohbergs rotem Namenszug. Rechts parkten die Kraftwagen der Angestellten. Hansen lief schnell daran vorbei, wich im Torweg einem Lastzug aus, war auf der Straße und blieb unschlüssig stehen. Drüben, an der Kreuzung, schaltete die Ampel auf Grün. Er beeilte sich, stolperte und blieb wieder stehen. Die Ampel leuchtete gelb, dann rot.

Er drehte sich um, ging eilig durch den Torweg zurück, lief an den Autos vorbei, bis er Lohbergs schweren schwarzen Wagen gefunden hatte. Hinten rechts, dachte er und trat um das Fahrzeug herum. Da richtete sich ein Mann hinter dem Verdeck auf. Hansen zuckte zusammen. Lohberg starrte ihn an, bleich und verstört. Hansen sah an dem anderen vorbei; aber da sah er die Delle im Blech und eine dünne Kratzspur im Lack über den ganzen Kotflügel weg. Lohberg lachte, aber es war schrecklich, dieses Lachen zu hören.

„Drüben an der Ampel!", sagte er, „da steht immer einer. Geh rüber und sag ihm Bescheid. Na, los, geh doch hin, geh!"

Hansen rührte sich nicht. Nie hatte er sich so geschämt, sich so erbärmlich gefühlt wie hier. Ich bin ein Schwein, dachte er, ein elendes Schwein, weil ich nachschnüffeln und ihn reinlegen wollte. Aber das wollte ich ...

„Lohberg, du verstehst mich falsch. Nein, es ließ mir nur einfach keine Ruhe, obwohl ich dir doch geglaubt hatte, was du mir oben sagtest ..."

„Hör auf! – Oben, da hab ich mir doch selber geglaubt. Du wirst gedacht haben, dass ich mich herausreden wollte, aber ich war ganz sicher. Erst als du weg warst – ", er hob die Hände zum Wagen und schwieg.

Hätte ich dich doch nie getroffen, dachte Hansen. Plötzlich lachte Lohberg wieder laut los. „Lach nicht, bitte, so lach doch nicht!"

Ein Arbeiter, der einen Kanister über den Hof trug, blieb stehen. Als er den Chef erkannte, grüßte er und ging eilig weiter. Lohberg grinste, aber seine Augen glänzten feucht, und auf einmal liefen ihm Tränen über sein grinsendes Gesicht.

„Mensch, wie ein Gespenst sahst du aus, als ich dich gestern traf, aber ich hab dich erkannt. Und du bist ein Gespenst, wirklich. Hier, das alles hab ich mir aufgebaut, ganz allein; aber du bist gekommen und hast es mir voll Dreck geschleppt. Es ist genau wie damals in der Penne. Dein Leben ist wieder hübsch rund und glatt. Aber der Lohberg, der ist fertig, für immer fertig. Fahrerflucht – weißt du, was das heißt!"

„Aber beruhige dich doch, Lohberg. Das ist doch Ehrensache, dass du es nicht gewusst hast, bis jetzt. Du, das will ich beschwören."

„Beschwören wirst du es, natürlich. Und vorher wirst du hingehen, mich anzeigen, und morgen wird es groß in allen Zeitungen stehen. Ich bin erledigt, bin wieder eine Niete, eine Niete wie du!"

Hansen zuckte zusammen. Es war warm und windstill im Hof; aber ihn fror. Er wischte sich über die Stirn, und die feuchten Finger hielten sich am Rockärmel fest. Endlich fiel ihm etwas ein: „Wir sind ja verrückt, wir sind ja beide verrückt. Du, wenn wir nichts sagen, dann ist doch alles in Ordnung. Bloß der Wagen ..."

Lohberg nahm eine Zigarre aus dem Etui. Das Feuerzeug flammte auf. Die Flamme zuckte über den schwarz schimmernden Lack der Karosserie. Er rauchte hastig. Nach einigen Zügen sagte er: „Das kriegen meine Leute in eigener Werkstatt wieder klar. Da fragt niemand nach." Der Rauch stieg über das Verdeck zu Hansen hin, und der Geruch war ihm nicht unangenehm. Er atmete auf und gab Lohberg die Hand. Eine Frau im schwarzen Kittel kam vorbei. Lohberg winkte ihr zu und lachte wieder wie ein Chef.

„Du", sagte er, „für den Anfang, da leg ich dir noch fünfhundert monatlich zu. Klar, alter Junge?"

Hansen fühlte Lohbergs Hand auf seiner Schulter. Er wollte etwas sagen; aber dann wandte er sich plötzlich ab, drängte sich durch den Torweg an den gelbroten Lieferwa-

gen vorbei, stand an der Straße, lief hin und her – was wollte er noch, wohin?
Da sah er den Polizisten stehen, und noch einmal war ihm, als fühlte er den Druck von Lohbergs Hand auf seiner Schulter, und er hörte ihn sagen: „... fünfhundert monatlich, klar, alter Junge?" Hansen lief weiter, blieb stehen und sah sich um.
„Sie wünschen?", fragte der Wachtmeister.

In: Bachmann / Heerdt / Wiedemann (Hrg.): Erzählungen der Gegenwart VI. Frankfurt: Hirschgraben, 8. Aufl. 1972, S. 42–49

Josef Reding: Generalvertreter Ellebracht begeht Fahrerflucht

Ich habe nicht auf die neue Breite geachtet, dachte Ellebracht. Nur deswegen ist es so gekommen.
Der hemdsärmelige Mann hob die rechte Hand vom Lenkrad ab und wischte sich hastig über die Brust. Als er die Hand zurücklegte, spürte er, dass sie noch immer schweißig war, so schweißig wie sein Gesicht und sein Körper. Schweißig vor Angst.
Nur wegen der Breite ist alles gekommen, dachte der Mann wieder. Er dachte es hastig. Er dachte es so, wie man stammelt. Die Breite des Wagens, diese neue, unbekannte Breite. Ich hätte das bedenken sollen.
Jäh drückte der Fuß Ellebrachts auf die Bremse. Der Wagen kreischte und stand. Eine Handbreit vor dem Rotlicht, das vor dem Eisenbahnübergang warnte.
Fehlte grade noch!, dachte Ellebracht. Fehlte grade noch, dass ich nun wegen einer so geringen Sache wie Überfahren eines Stopplichtes von der Polizei bemerkt werde. Das wäre entsetzlich. Nach der Sache von vorhin ...
Mit hohlem Heulen raste ein D-Zug vorbei. Ein paar zerrissene Lichtreflexe, ein Stuckern, ein verwehter Pfiff. Die Ampel klickte auf Grün um. Ellebracht ließ seinen Wagen nach vorne schießen. Als er aufgeregt den Schalthebel in den dritten Gang hineinstieß, hatte er die Kupplung zu nachlässig betätigt. Im Getriebe knirschte es hässlich.
Bei dem Geräusch bekam Ellebracht einen üblen Geschmack auf der Zunge. Hört sich an wie vorhin, dachte er.

Hört sich an wie vorhin, als ich die Breite des Wagens nicht richtig eingeschätzt hatte. Dadurch ist es passiert. Aber das wäre jedem so gegangen. Bis gestern hatte ich den Volkswagen gefahren. Immer nur den Volkswagen, sechs Jahre lang. Und heute Morgen zum ersten Male diesen breiten Straßenkreuzer. Mit dem VW wäre ich an dem Radfahrer glatt vorbeigekommen. Aber so ... Fahr langsamer, kommandierte Ellebracht sich selbst. Schließlich passiert ein neues Unglück in den nächsten Minuten. Jetzt, wo du bald bei Karin bist und den Kindern.

Karin und die Kinder. Ellebrachts Schläfen pochten. Er versuchte, sich zu beruhigen: Du musstest weg von der Unfallstelle, gerade wegen Karin und der Kinder. Denn was wird, wenn du vor Gericht und ins Gefängnis musst? Die vier Glas Bier, die du während der Konferenz getrunken hast, hätten bei der Blutprobe für deine Schuld gezeugt, und dann? Der Aufstieg deines Geschäfts wäre abgeknickt worden. Nicht etwa darum, weil man etwas Ehrenrühriges in deinem Unfall gesehen hätte. Wie hatte doch der Geschäftsführer von Walterscheidt & Co. gesagt, als er die alte Frau auf dem Zebrastreifen verletzt hatte? Kavaliersdelikt! Nein, nicht vor der Schädigung meines Rufes fürchte ich mich.

Aber die vier oder sechs Wochen, die ich vielleicht im Gefängnis sitzen muss, die verderben mir das Konzept. Während der Zeit schickt die Konkurrenz ganze Vertreterkolonnen in meinen Bezirk und würgt mich ab. Und was dann? Wie wird es dann mit diesem Wagen? Und mit dem neuen Haus? Und was sagt Ursula, die wir aufs Pensionat in die Schweiz schicken wollten? „Du hast richtig gehandelt!“, sagte Ellebracht jetzt laut, und er verstärkte den Druck auf das Gaspedal. „Du hast so gehandelt, wie man es als Familienvater von dir erwartet.“

Verdammte Rotlichter!, dachte Ellebracht weiter und brachte den Wagen zum Stehen. Ich will nach Hause. Ich kann erst ruhig durchatmen, wenn der Wagen in der Garage steht und ich bei der Familie bin.

Und wann ist der Mann mit dem Fahrrad bei seiner Familie? Der Mann, der mit ausgebreiteten Armen wie ein Kreuz am Straßenrand gelegen hat? Der Mann, der nur ein wenig den Kopf herumdrehte – du hast es im Rückspiegel deutlich gesehen –, als du den bereits abgestoppten Wagen wieder anfahren ließest, weil dir die wahnsinnige Angst vor den Folgen dieses Unfalls im Nacken saß? Du, wann ist dieser Mann bei seiner Familie?

Jetzt werd bloß nicht sentimental!, dachte Ellebracht. Jetzt werd bloß nicht dramatisch! Bist doch ein nüchterner Geschäftsmann! Ellebracht sah stur nach vorn und erschrak. Da war ein Kreuz. Ein Kreuz an seinem Wagen. So ein Kreuz, wie es der Mann vorhin gewesen war.

Ellebracht versuchte zu grinsen. Kriege dich bloß wieder ein, dachte er. Du siehst doch, was es ist. Das war mal das Firmenzeichen auf der Kühlerhaube. Es ist von dem Zusammenprall mit dem Fahrrad angeknickt worden und hat sich zu einem Kreuz verbogen.

Ellebracht konnte nicht anders. Er musste immerfort auf dieses Kreuz starren. Ich steige aus, dachte er. Ich steige aus und biege das Ding wieder zurecht. Schon tastete seine Hand zum Türgriff, als er zusammenzuckte. Am Kreuz schillerte es, verstärkt durch das Licht der Signalampel.

„Ich muss nach Hause!“, stöhnte Ellebracht und schwitzte noch mehr. „Wann kommt denn endlich Grün?“

Die feuchten Finger zuckten zum Hemdkragen, versuchten, den Knopf hinter der Krawatte zu lösen. Aber der Perlmutterknopf entglitt einige Male dem Zugriff.

Grün!

Der Schwitzende riss einfach den Hemdkragen auf und fuhr an. Das Kreuz macht mich verrückt, dachte er. Ich kann das nicht mehr sehen! Und wie der Mann dalag. Ob man ihn jetzt schon gefunden hat? Ob er schon so kalt und starr ist wie das Kreuz vor mir?

Ellebracht stoppte. Diesmal war kein Rotlicht da. Nichts. Nur das Kreuz. Nur das Kreuz, das einen riesigen Schatten warf in den Wagen hinein. Nur das Kreuz, das vor dem Hintergrund des Scheinwerferlichtes stand.

„Ich kann so nicht nach Hause!“, flüsterte der Schwitzende. „Ich kann so nicht zu Karin und den Kindern zurück. Ich kann so zu niemandem zurück!“

Ein anderer Wagen überholte Ellebracht. Eine grelle Hupe schmerzte.

Ich kann das Kreuz nicht zurechtbiegen und dabei in das Blut greifen. Ich bringe das nicht fertig. Ich kann nicht eher zu irgendeinem zurück, bis ich bei dem Mann gewesen bin. Ellebracht spürte, wie seine Hände trocken wurden und sich fest um das Lenkrad legten. Ohne Mühe wendete der Mann den schweren Wagen und jagte die Straße zurück.
Wieder die Signale, die Bahnübergänge, jetzt die Abbiegung, die Waldstraße.
Ein paar Steine schepperten gegen die Kotflügel. Ellebracht verlangsamte die Fahrt und seine Augen durchdrangen mit den Scheinwerfern das Dunkel.
Da war der Haufe von verbogenem Blech und Stahl.
Und da lag das menschliche Kreuz.
Als Ellebracht schon den Fuß auf der Erde hatte, sprang ihn wieder die Angst an. Aber dann schlug er die Tür hinter sich zu und lief. Jetzt kniete Ellebracht neben dem Verletzten und drehte ihn behutsam in das Scheinwerferlicht des Wagens.
Der blutende Mann schlug die Augen auf und griff zuerst wie abwehrend in das Gesicht Ellebrachts. Dann sagte der Verletzte:
„Sie haben – angehalten. Dan – ke!"
„Ich habe nicht – – ich – ich bin nur zurückgekommen", sagte Ellebracht.

Aus: Josef Reding: Nennt mich nicht Nigger. Georg Bitter Verlag 1994, Copyright by Josef Reding, Dortmund.

Friedrich Dürrenmatt: Die Panne[1]

Dürrenmatt schrieb das Hörspiel „Die Panne" 1955, die Erzählung erschien 1956 und die gleichnamige Komödie als Bühnenfassung wurde zuerst 1979 veröffentlicht. In den Texten hat Alfredo Traps, ein erfolgreicher Geschäftsmann, mit seinem repräsentativen Straßenkreuzer eine Autopanne. Der während einer Heimfahrt eintretende Motorschaden bringt Traps bei der Suche nach einer Unterkunft in die Gesellschaft vier älterer Herren. Diese laden Traps zu einem „Gerichtsspiel" ein, dessen Verlauf Traps zur schicksalhaften Erkenntnis seiner selbst führt. Der der Justitia verfallene skurril-heitere Herrenabend, der dem früheren Staatsanwalt, dem Richter, dem Verteidiger und dem Henker zum bloßen Zeitvertreib dient, „eröffnet" Traps die Möglichkeit, die Rolle des Angeklagten zu übernehmen. Traps spielt das „Spielchen" mit. Während des üppigen Abendessens beginnt – von Traps noch unbemerkt – das Verhör. Man isst gut und trinkt während des Verhörs Bruderschaft mit dem Angeklagten, und Traps erkennt immer mehr seine Verstrickungen in Schuld – bis der Staatsanwalt das Todesurteil verkündet ... Das Spiel dreht für Traps immer mehr in die Wirklichkeit.

Die Textausschnitte blenden in den anfänglichen Handlungsverlauf ein.

Das Hörspiel

Die Stimmen:

ALFREDO TRAPS	RICHTER	PILET
GARAGIST	STAATSANWALT	SIMONE
WIRT	VERTEIDIGER	TOBIAS

[1] Aus lizenzrechtlichen Gründen erscheinen die Texte von Dürrenmatt nicht in reformierter Schreibung.

Leichte Schlagermusik. Ein fahrendes Automobil.

TRAPS: Dieser Wildholz! Der soll was erleben. Junge, Junge! Rücksichtslos gehe ich nun vor, rücksichtslos. Dem drehe ich mal den Hals um. Wird sich wundern. Unnachsichtlich! Kein Pardon, keine Gnade. Nee. Mir nicht. Meint wohl, ich sei bei der Heilsarmee. Fünf Prozent will er mir abkippen. Fünf Prozent! Ich rieche den Braten. Zum Glück, daß es mit Stürler klappte. Das ist ein Gewinnchen, den habe ich schön hereingelegt. – Nanu, was ist denn auf einmal mit dem Wagen los?

Wagengeräusche.

TRAPS: Steht. Nichts zu machen. Wenigstens eine Garage in der Nähe. He, Sie da!

GARAGIST: Was ist denn mit Ihrem Studebaker los?

TRAPS: Weiß der Teufel. Wollte eben diese kleine Steigung nehmen, da rührt er sich nicht mehr von der Stelle.

GARAGIST: Lassen Sie mich mal sehen.

Hantierungen.

GARAGIST: Aha. – Sehen Sie?

TRAPS: Tatsächlich! Scheint eine größere Reparatur zu geben.

GARAGIST: Meine ich auch.

TRAPS: Bis wann bringen Sie den Wagen in Ordnung?

GARAGIST: Morgen um sieben können Sie ihn holen.

TRAPS: Morgen erst?

GARAGIST: Es ist schließlich sechse abends.

TRAPS: Weit bis zum Bahnhof?

GARAGIST: Eine halbe Stunde.

TRAPS: Kann man im Dorf übernachten?

GARAGIST: Fragen Sie im „Bären" nach.

TRAPS: Na gut. Nimmt mich nur wunder, was der Motor wohl hat. Was verstehe ich schon davon. Garagisten ist man ausgeliefert wie einst den Raubrittern. Der „Bären". Der Dicke da ist wohl der Wirt?

Harmonikaklänge. Festlärm.

TRAPS: Zimmer frei?

WIRT: Tut mir leid. Alles besetzt. Der Kleinviehzüchterverband tagt.

Traps: Noch andere Gasthöfe im Dorf?

Wirt: Auch von den Kleinviehzüchtern besetzt. Doch gehen Sie mal zu Herrn Werge in der weißen Villa, die Dorfstraße geradeaus und dann links, der nimmt Gäste.

Die Handharmonikaklänge verwehen langsam.

Traps: Hätte doch den Zug nehmen sollen. Aber der fährt erst in einer Stunde, und dann müßte ich zweimal umsteigen. Zu faul dazu. Und den Wagen müßte ich morgen trotzdem holen. Das Dorf scheint angenehm zu sein. Kirche, Dorfeiche, Einfamilienhäuschen, wohl von Rentnern und pensionierten Beamten aus der Stadt, Bauernhäuser, solide, proper, sogar die Misthaufen sorgfältig geschichtet. Die Mühe, die sich die Leute geben.

Muhen. Glockengebimmel.

Traps: Kühe. Das auch noch. Eben auf dem Lande. Schöner Sommerabend, die Sonne noch hoch am Himmel, morgen der längste Tag. Vielleicht gibt es was zu erleben, manchmal ganz nette Mädchen anzutreffen in so einem Nest, eine Luise, eine Kathrine, wie neulich in Großbiestringen, war eine tolle Nacht, Evchen hieß sie. Die Villa, von Buchen und Tannen umgeben, ein größerer Garten davor, na schön, gegen die Straße hin Obstbäume, Gemüsebeete, überall Blumen. Komisch, daß die hier Gäste nehmen, scheint eine Art Pension zu sein. Leute, die Moneten bitter nötig haben.

Das Knarren einer Gartentüre.

Traps: Niemand zu sehen. Kieswege. Hallo!

Richter: Was wünschen Sie?

Traps: Herr Werge?

Richter: Bin ich.

Traps: Mein Name ist Traps, Alfredo Traps!

Richter: Erfreut.

Traps: Es wurde mir gesagt, man könne bei Ihnen übernachten. Habe eine Panne.

Richter: Kann man.

Traps: Wieviel verlangen Sie denn?

Richter: Nichts.

Traps: Nichts? Na, hören Sie mal. Sie scheinen wohl der Weihnachtsmann höchstpersönlich zu sein?

Richter: Treten Sie näher. Kommen Sie in die Veranda.

Stimmen

STAATSANWALT: Da ist ja einer. Höchste Zeit!

VERTEIDIGER: So ein Dusel! Scheint ein Fabrikant zu sein.

STAATSANWALT: Unsinn, ein Geschäftsreisender.

PILET: Fein.

TRAPS: Oh, ich störe wohl.

RICHTER: Sie stören gar nicht. Ich bin allein, mein Sohn befindet sich in den Vereinigten Staaten, da bin ich froh, hin und wieder einen Gast zu beherbergen.

TRAPS: Aber Sie haben ja schon Gäste.

RICHTER: Freunde. Pensioniert, wie ich selbst. Hergezogen ins Dorf des milden Klimas wegen. Halten einen kleinen Herrenabend ab, mit Abendessen. Ich lade Sie ein, mitzumachen.

TRAPS: Mitmachen? So eine Gastfreundschaft gibt es doch überhaupt nicht mehr. Ist ja wie im Märchen.

RICHTER: Darf ich vorstellen: ein pensionierter Staatsanwalt –

STAATSANWALT: Mein Name ist Zorn.

TRAPS: Sehr erfreut.

RICHTER: Ein pensionierter Rechtsanwalt –

VERTEIDIGER: Gestatten: Kummer.

TRAPS: Habe das Vergnügen.

RICHTER: Herr Pilet.

TRAPS: Angenehm.

PILET: Fein.

RICHTER: Das ist Herr Traps, Simone. Er übernachtet hier.

SIMONE: In welchem Zimmer denn, Herr Werge?

RICHTER: Aber Simone, das müssen wir doch erst herausbringen.

SIMONE: Verstehe.

RICHTER: Unsere Gäste, Herr Traps, kommen nämlich je nach ihren Eigenschaften in das hierzu bestimmte Zimmer.

TRAPS: Originelle Idee.

RICHTER: Wünschen Sie etwas Vermouth?[1]

TRAPS: Gerne.

RICHTER: Mit einem Schuß Gin?

TRAPS: Ich weiß gar nicht, womit ich dies alles verdient habe.

---

1 Wermutwein

Richter: Sie erweisen uns nämlich durch Ihren Besuch einen Dienst.

Traps: Einen Dienst?

Richter: Sie können mitspielen.

Traps: Gerne. Was ist es denn für ein Spiel?

Verlegenes Lachen.

Verteidiger: Ein etwas sonderbares Spiel.

Traps: Verstehe – die Herren spielen um Geld – da bin ich mit Vergnügen dabei.

Staatsanwalt: Nein – das ist nicht unser Spiel.

Traps: Nicht?

Verlegenes Lachen.

Richter: Es besteht darin, daß wir des Abends unsere alten Berufe spielen.

Traps: Ihre alten Berufe.

Staatsanwalt: Wir spielen Gericht.

Traps *lacht:* Direkt unheimlich.

Richter: Im allgemeinen nehmen wir die berühmten historischen Prozesse durch, den Prozeß Sokrates, den Prozeß Jesus, den Prozeß Jeanne d'Arc[2], den Prozeß Dreyfus,[3] auch den Brand des Reichstagsgebäudes neulich, oder laden verschiedene geschichtliche Persönlichkeiten vor.

Verteidiger: So haben wir gestern Friedrich den Großen[4] für unzurechnungsfähig erklärt und in Gewahrsam genommen.

Traps: Das ist ja wirklich ein eigenartiges Spiel.

Pilet: Fein, nicht?

Staatsanwalt: Am schönsten ist es natürlich, wenn wir am lebenden Material spielen.

Traps: Kann ich mir denken.

Richter: Deshalb haben denn Gäste hin und wieder die Freundlichkeit, sich uns zur Verfügung zu stellen.

Traps: Das versteht sich doch von selbst.

---

1 Die Jungfrau von Orléans, französische Nationalheldin

2 Die Dreyfus-Affäre war eine innenpolitische Krise in Frankreich.

3 Friedrich II., preußischer König (1740–1786)

RICHTER: Sie brauchen aber nicht mitzuspielen, mein lieber Herr Traps.

TRAPS: Natürlich spiele ich mit.

RICHTER: Einen Whisky oder einen Wodka?

TRAPS: Whisky.

VERTEIDIGER: Zigarette?

TRAPS: Danke schön.

VERTEIDIGER: Feuer?

TRAPS: Habe selber. Dunhill. Geschenk von meiner Frau.

STAATSANWALT: Was nun Ihre Rolle betrifft, sehr geehrter Herr Traps, so ist sie nicht schwer zu spielen, jeder Stümper ist dazu fähig.

TRAPS: Da bin ich aber neugierig.

RICHTER: Den Richter, den Staatsanwalt und den Verteidiger haben wir schon, es sind dies ja auch Posten, bei denen eine Kenntnis der Materie und der Spielregeln notwendig ist. Nur die Rolle eines Angeklagten ist unbesetzt. Doch Sie sind in keiner Weise etwa gezwungen mitzuspielen, ich will dies noch einmal betonen.

TRAPS: Was soll ich denn für ein Verbrechen begangen haben?

STAATSANWALT: Ein unwichtiger Punkt, mein Freund. Ein Verbrechen läßt sich immer finden.

Leises Lachen

TRAPS: Da bin ich aber gespannt.

VERTEIDIGER: Herr Traps, da Sie sich nun entschlossen haben, mitzuspielen, muss ich mit Ihnen ein ernstes Wörtchen reden.

TRAPS: Mit mir?

VERTEIDIGER: Ich bin schließlich Ihr Verteidiger.

TRAPS: Das ist lieb von Ihnen.

VERTEIDIGER: Kommen Sie, wir wollen im Speisezimmer den Porto[1] probieren, den es hier gibt. Er ist alt, den müssen Sie kennenlernen.

Aus: Friedrich Dürrenmatt: Die Panne. Ein Hörspiel und eine Komödie. Zürich: Diogenes, 1985, S. 10–17

---

1 Portwein

Die Komödie

Personen:

ALFREDO TRAPS	Textilreisender
ABRAHAM GOTTHOLD LUIS WUCHT	pensionierter Richter
ISAAK JOACHIM FRIEDRICH ZORN	pensionierter Staatsanwalt
JAKOB AUGUST JOHANN KUMMER	pensionierter Rechtsanwalt
ROLAND RENÉ RAIMOND PILET	pensionierter Henker
JUSTINE VON FUHR	Wuchts Enkelin
SIMONE VON FUHR	Justines taube Tante
EMMA PRACHT	Frauenrechtlerin
KNALL	Bankier
BOLLIGER	1. Polizist
BRECHBÜHL	2. Polizist

Bühne, Inszenierung, Charaktere, Stück

Zur Bühne:
Auf dem Podest eine rote Wand im Hintergrund. Neben dem Podest rechts und links je eine rote Wand, sich schräg nach hinten verlierend. Auf dem Podest parallel zur Rampe ein stabiler Eßtisch mit fünf weiß gepolsterten stabilen Sesseln. Über dem Eßtisch ein mächtiger roter Lüster. Auch der Podestboden ist rot. Beleuchtung so, daß auf den Wänden die Schattenbilder der Trinkenden riesenhaft erscheinen. Vor der Szene senkt sich bisweilen ein je nach Beleuchtung bald durchsichtiger, bald undurchsichtiger Zwischenvorhang. Der Bühneninnenraum erscheint dann wie hinter Glas: undeutlich, verwaschen, schemenhaft, während draußen, vor dem Zwischenvorhang, durch Licht und ferne Blasmusik eine warme Sommernacht improvisiert wird. Ist der Zwischenvorhang oben – und wird noch vor dem Podest gespielt, oder befindet sich noch jemand davor –, ist der Hintergrund nur mäßig beleuchtet, so daß eine Art Überschneidung von Innen und Außen entsteht. Erst wenn sich alle im Innenraum befinden, auf dem Podest also, helles Licht mit leuchtendem Lüster.

Zur Inszenierung:
Trinken und Essen sollten nur markiert werden. Darum wird der Rotwein aus Pokalen getrunken. Zu erreichen ist eine sich steigernde Trunkenheit, die aber nichts Unappetitliches haben darf: wird doch außer dem Weißwein als Aperitif nur Rotwein getrunken, immer älterer Bordeaux. Dieser Wein ist ein geselliger Wein. Er wird denn auch als etwas überaus Kostbares zelebriert und andächtig und vorsichtig behandelt: „Riechen, Kosten, Trinken" sind die immer wiederkehrenden Rituale eines weltlichen Abendmahls. Die Trunkenheit, die der schwere Rotwein herbeiführt, ist eine andere als die des Weißweins, nie eine bösartige, aggressive, sie äußert sich selten in Sprachhemmungen oder in unsicherem Gang. Im Gegenteil, die Trinker neigen zwar zur Akrobatik, steigen auf Stuhllehnen, klettern auf den Tisch, schwingen den Lüster hin und her, aber das wie im Übermut, denn vor allem ist ihre Phantasie beflügelt. Auch der Streit zwischen dem Staatsanwalt und dem Verteidiger um die Aussprache des Wortes „Gygax" – der Verteidiger spricht es plötzlich

„Gigax“ aus, der Staatsanwalt bleibt bei der Aussprache „Gügax“ – ist nicht bösartig, aber infolge der Trunkenheit hartnäckig.

Zu den Charakteren:
Durch das Stück hindurch trinkt Pilet am meisten, die Wirkung ist denn auch am eindeutigsten. Er ist der Clown der Runde – darum trägt er auch eine Melone[1] –, ständig bemüht, Wein zu ergattern; sein penetrantes „Zapfen“ (Korken) ist der Versuch, den anderen das Trinken zu verleiden. Kummer trinkt im ersten Teil viel, kämpft mit Pilet erbittert um die Magnum-Karaffe (Magnum: 1,4 Liter, wird dekantiert, umgegossen), hat dann, wie auch Pilet, im zweiten Teil eine Krise, um bei seiner virtuosen Verteidigungsrede voll in Form zu sein, um dann aber, nach ihrer Vollendung, gleich einzuschlafen. Er ist vom Typ her ein künstlerischer Mensch. Zorn trinkt am mäßigsten; vom Typ her ein englischer Lord, der seine rhetorischen Erfindungen mit grotesker Noblesse illustriert. Wucht trinkt eigentlich erst im zweiten Teil, er wartet die älteren Jahrgänge ab. Bei Traps, nicht gewohnt, Bordeaux zu trinken, wirkt sich der Wein am katastrophalsten aus, besonders der Kognak am Schluß, der auf den Rest des Bordeaux gegeben wird – eine gefährliche Unsitte der Bordeaux-Trinker. Traps beginnt schon im ersten Teil anzugeben, natürlich dort, wo er immer angab: auf sexuellem Gebiet. Möglicherweise hat er sich immer gewünscht, mit Frau Gygax ein Verhältnis zu haben, es sogar versucht, aber eben, die „stinkfeine Dame behandelt mich wie einen Hund“; nun behauptet er plötzlich, eines gehabt zu haben. Besonders nimmt ihm die Behauptung des Staatsanwalts, ein Mord verdiene Bewunderung, jede Hemmung. Er wird stolz, etwas Außerordentliches zu sein, der außergewöhnlichste Verbrecher des Jahrhunderts, und wird wütend darüber, daß der Verteidiger in ihm einen Bürger wie viele sieht. Nun macht er auch aus seiner Frau eine Mänade. Offensichtlich hat seine Ehe ihre Schwierigkeiten. „Gygax konnte jede Frau haben, die er wollte“, wohl auch Trappens Frau, und ob dieser Widerstand geleistet hat, ist fraglich, fraglich auch, ob er sich am Schluß zutraut, Justine im Bett gewachsen zu sein. Wie jeder Selbstmord ist auch der seine nicht nur das Resultat eines einzigen Motivs.

[1] Herrenhut

Zum Stück:

Was stattfindet, ist einerseits ein Schauprozeß, durchgeführt von einem korrupten Gericht, in welchem ein harmloser Durchschnittsbürger dazu geführt wird, sich schuldig zu bekennen – was es immer wieder gab und immer wieder geben wird. Andererseits dreht es sich um die Ausweglosigkeit einer fixen Idee, die im Verbrechen etwas Außerordentliches sieht – aus welchen Gründen auch immer – und die als letzten Ausweg nur noch den Selbstmord sieht – auch das gab es, gibt es und wird es immer geben. Die Transposition[1] eines Stoffes in ein anderes Medium stellt nicht so sehr ein Problem der Phantasie als eines des Denkens dar – zu dem freilich das neue Medium zwingt. Transponieren ist daher oft schwerer als Erfinden; eine Erfahrung, die mir während der Arbeit an der Panne erneut aufging. War die Novelle nur Sprache, das heißt nichts als die Sprache und die Assoziationen, die sie heraufbeschwört – auch hier nie ganz objektivierbar –, so ist die Transposition auf das Theater Sprache plus Schauspieler plus Bühne: Das Inkommensurable[2] nimmt zu. Was daher die geheimnisvolle Justine betrifft, so ist sie eine Ergänzung des Stoffes, die nun einmal die Bühne erzwingt. Vordergründig ist sie wider Willen das, was der Staatsanwalt von Frau Gygax behauptet: die galante Mordwaffe ihres Großväterchens Wucht. Justine ist das reale Spiegelbild des Spiels: Sie rennt am Schluß, der ja das Vorspiel bildet, zu ihrem Professor Bürden, um den Zauberspruch loszuwerden, durch den sie, ist sie bei Großväterchen, wie Traps gebannt wird: daß Schuld etwas Wunderbares sei. Nun gut, Justine wird immer wieder zurückkehren. „Auf bald, mein Kindchen, auf bald.“ Wucht aber, betrachtet man ihn näher, zieht man Vergleiche, stellt sich als ein Nachfahre Adams heraus, des Richters aus Kleists „Zerbrochenem Krug“, nur unvergleichlich böser und keiner Instanz mehr unterworfen. Mit einem Unterschied freilich: Muß Adam wirklich richten, spielt Wucht das Spiel nur. Anstelle der Notwendigkeit, die das Gericht setzt, ist ein Spiel getreten, anstelle der Gerechtigkeit die gespielte Gerechtigkeit. Alles, was nicht gespielt ist: das Dorffest, Trapsens Autopanne, das große Autounglück vorher, die Ölkatastrophe, aber auch Justines Vergangenheit, die Art und Weise, wie Wucht durch sie zu einem unermeßlichen

---

1 Übertragung

2 das Unvergleichbare

und unschätzbaren Weinkeller gekommen ist, die Korruption endlich, in welche sich Richter, Staatsanwalt und Verteidiger verstrickt hatten usw.: All das ist nun der Hintergrund der Fabel, ohne den keine Bühne auskommt, vor dem sich das Gerechtigkeitsspiel abspielt, das, weil es sich leisten kann, gerecht zu sein, zwei Urteile abgibt, ein „schuldig" und ein „unschuldig". Dem Angeklagten kommt das Wählen zu, sein Selbstmord ist seine Wahl. Der Unfug der Dramatik besteht auch heute noch oft darin, daß sie eine determinierte Welt[1] *vortäuscht. Die Spielwelt dieser Komödie ist nicht determiniert: Traps erleidet kein Schicksal, sondern eine Panne. Er nimmt das Spiel ernst. Er wählt und will mit seiner Wahl etwas beweisen, das er nicht ist: ein Verbrecher und damit etwas Außergewöhnliches. So fällt er aus dem Spiel in den Tod. Nicht notwendigerweise, sondern zufälligerweise: Die Pistolen waren von Justine nur aus Spaß scharf geladen, um Großväterchen eine Freude zu machen. Die Welt als Spiel. Nicht umsonst ist das Podest da, auf dem das Spiel der Gerechtigkeit gespielt wird, und nicht umsonst setzen die Hauptakteure griechische Masken auf, und nicht umsonst verhöhnen sie jene – ist die Welt ein Spiel –, die dann die wahren Schuldigen sein müßten: „Was willst du uns denn beweisen, Fredi! Deine Schuld und deine Unschuld sind gleicherweise unbeweisbar. Was war die heutige Nacht? Ein übermütiger Herrenabend, nichts weiter, eine Parodie*[2] *auf etwas, was es nicht gibt und worauf die Welt immer wieder hereinfällt, eine Parodie auf die Gerechtigkeit, auf die grausamste der fixen Ideen, in deren Namen der Mensch Menschen schlachtet. Denn wahrlich, wenn es eine Schuld gäbe, dann müßte diese Schuld nicht beim Menschen, sie müßte außerhalb des Menschen liegen. Wohlan denn, Fredi, spielen wir das Spiel zu Ende! Richten wir die wahren Schuldigen hin! Schießen wir die Götter vom Firmament. Richten wir die Vollkommenen hin, die uns unvollkommen schufen, die Schuldigen, die uns in Schuld stürzten: Jupiter, Mars, Saturn, Venus, Merkur: die Götter!"*

---

[1] festgelegte Welt, in der keine Wahlmöglichkeit eines freien Willens gegeben ist

[2] komisch-satirische Umbildung

Erster Teil

[...]

JUSTINE: Großväterchen, das ist Herr Traps.

TRAPS: Traps. Alfredo Traps.

JUSTINE: Sein Wagen hat eine Panne. *Sie stellt Trapsens Köfferchen links vorne ab.*

WUCHT: Eine Panne, großartig, eine Panne! Willkommen, Herr Traps! Willkommen! *Schüttelt ihm beide Hände.* Oh! *Er nimmt ihm die Rosen ab, gibt sie Kummer, der gibt sie Pilet, der Zorn, der wiederum Pilet, der sich an einem Dorn sticht.*

WUCHT: Heiße Wucht, Abraham Gotthold Luis Wucht. Bin neunzig, bin neunzig, bin noch munter. *Springt auf den Sessel rechts vom Tisch.*

Traps schaut verwirrt zu Justine zurück, die vorne links beim Tisch Kaviarbrötchenessen markiert.

WUCHT: Nanu, mein bester Traps, sehen etwas verstöbert aus. Meine Enkelin verwirrte Sie wohl? Ein etwas mystisches Frauenzimmerchen, die Freude meines Alters. Darf ich vorstellen: meine Freunde, meine lieben, lieben Freunde! Hergezogen wie ich in dieses gottverlassene Nest des milden Klimas und der milden Gemeindesteuern wegen, he, he! Halten Sie einen kleinen feinen Herrenabend ab, wollen uns betrinken!

KUMMER: Besaufen.

ZORN: Vollaufen lassen.

PILET: Fein.

WUCHT: Dazu kleine Häppchen essen! Kleine Häppchen. Ich lade Sie ein, Herr Traps, ich lade Sie ein mitzumachen.

TRAPS: Aber –

WUCHT: Darf ich vorstellen: unser Wüterich, der Friedrich, ein pensionierter lieber Staatsanwalt –

ZORN: Mein Name ist – *Schreit* – Zorn. *Spricht wieder normal* Zorn, Isaak Joachim Friedrich Zorn.

TRAPS: Sehr erfreut.

WUCHT: Er ist neunundachtzig. Unser Springinsfeld. Ein pensionierter herzensguter Rechtsanwalt –

KUMMER: Gestatten: Kummer, Jakob August Johann Kummer.

TRAPS: Habe das Vergnügen.

WUCHT: Er ist siebenundachtzig. Unser Hansdampf in allen Gassen: Herr Pilet. Roland René Raimond Pilet. Ein sensibler edler Menschenfreund.

TRAPS: Angenehm.

Zorn hebt Pilet die Melone hoch.

PILET: Fein.

WUCHT: Sechsundachtzig, unser Nesthäkchen.

Simone kommt von hinten rechts mit einem Tablett, stellt fünf Weißweingläser auf den Tisch, steht dann links von Zorn.

WUCHT: Ich bin ein pensionierter Richter. Mein Urgroßvater, mein Großvater und mein Vater waren Richter. Und mein Sohn und mein Enkel sind auch Richter. Leben in Amerika. Alle Wuchte waren, sind und werden Richter sein.

JUSTINE: Meine Herren, Herr Traps, Großväterchen. Ich gehe die Rosen einstellen.

Zorn nimmt Pilet die Rosen ab, gibt sie Justine.

JUSTINE: Wir sehen uns später.

WUCHT: Später, mein Kindchen, später.

TRAPS: Frau von Fuhr –

JUSTINE: Justine.

TRAPS: Frau Justine, es war mir ein besonderes Vergnügen. Wirklich.

PILET: Fein.

JUSTINE: Unsere Begegnung, Herr Traps, war wesentlich. Sie sind geheimnisvoll, diese Rosen. *Nach links hinten ab.*

ALLE: Oh!

WUCHT: Unsere Gäste, Herr Traps, logieren je nach ihren Eigenschaften in dem hierzu bestimmten Zimmer. Nehmen wir Platz, mein lieber Traps, nehmen wir Platz.

Er setzt sich rechts von Kummer, Traps zwischen Zorn und Kummer.

WUCHT: Einen kleinen trockenen weißen Saint-Julien zum Einüben.

TRAPS: Bitte, Herr Wucht.

WUCHT: Einen Caillou Blanc 1970.

PILET: Fein.

WUCHT: *spricht skandierend wie immer, wenn er mit Simone spricht.* Simone, einen Caillou Blanc 1970.

SIMONE: Immer Caillou Blanc. *Geht nach hinten rechts.*

TRAPS: Ihre Gastfreundschaft ist phantastisch, Herr Wucht. Ich weiß gar nicht, womit ich sie verdient habe.

WUCHT: Sie ist nicht ganz uneigennützig, Herr Traps. Sie erweisen uns einen Dienst.

TRAPS: Nanu.

WUCHT: Sie können mitspielen.

TRAPS: Gerne.

WUCHT: Na ja.

TRAPS: Was denn für ein Spiel?

Verlegenes Lachen der anderen.

WUCHT: Ein etwas sonderbares Spiel. Ein Sardellenbrötchen?

TRAPS: *bedient sich* Verstehe. – Die Herren spielen um Geld. Da bin ich mit Vergnügen dabei.

ZORN: Nein – das ist nicht unser Spiel.

TRAPS: Nicht?

Verlegenes Lachen.

WUCHT: Es besteht darin, daß wir des Abends unsere alten Berufe spielen.

TRAPS: Ihre alten Berufe?

ZORN: Wir spielen Gericht.

Zorn und Kummer legen die Hand auf Trapsens Schultern.

PILET: Fein.

TRAPS: Direkt unheimlich. *Lacht.*

WUCHT: Im allgemeinen nehmen wir die berühmten historischen Prozesse durch, wobei einer von uns den Angeklagten spielt. Meistens Pilet.

PILET: Fein.

WUCHT: Am schönsten ist es natürlich, wenn wir mit lebendem Material spielen. Eine Olive?

Justine von links hinten, holt Trapsens Koffer.

TRAPS: Kann ich mir denken. *Bedient sich.*

Justine bückt sich.

PILET, ZORN, KUMMER: Ah!

WUCHT: Deshalb sind denn unsere Gäste hin und wieder so gütig, sich zur Verfügung zu stellen.

TRAPS: Das versteht sich doch von selbst.

Justine geht nach links hinten ab.

PILET, ZORN, KUMMER: Oh!

WUCHT: Sie brauchen aber nicht mitzuspielen, Herr Traps.

TRAPS: Natürlich spiele ich mit.

PILET: Fein.

WUCHT: Zigarette?

TRAPS: Danke schön.

WUCHT: Feuer?

TRAPS: Habe selber. Dunhill. Geschenk von meiner Frau.

WUCHT: Was nun Ihre Rolle betrifft, sehr geehrter Herr Traps, so ist sie leicht zu spielen. Jeder Stümper ist dazu fähig.

TRAPS: Neugierig.

WUCHT: Den Richter, den Staatsanwalt, den Verteidiger und den, na ja – haben wir schon, es sind auch Rollen, bei denen eine Kenntnis der Materie und der Spielregeln notwendig ist. Nur die Rolle eines Angeklagten ist unbesetzt. Doch Sie sind in keiner Weise gezwungen mitzuspielen. Ich will das noch einmal betonen.

TRAPS: Was soll ich denn für ein Verbrechen begangen haben?

Stille, verlegenes Lachen der anderen.

WUCHT: Ein unwichtiger Punkt. Ein Verbrechen läßt sich immer finden. Ein Kaviarbrötchen?

Leises Lachen.

TRAPS: Gespannt.

Simone kommt und schenkt in Weißweingläser ein.

SIMONE: Vorgestern Caillou Blanc, gestern Caillou Blanc, heute Caillou Blanc.

Alle kosten. Kummer trinkt ex, schenkt sich wieder ein, erhebt sich, nimmt sein Glas und eine volle Flasche Caillou Blanc.

KUMMER: Herr Traps, da Sie sich entschlossen mitzuspielen, muß ich – na ja, habe ich ein ernstes Wort mit Ihnen zu reden.

TRAPS: Mit mir?

KUMMER: Ich bin Ihr Verteidiger.

TRAPS *lacht:* Lieb von Ihnen.

KUMMER: Kommen Sie, wir wollen im Garten unseren Caillou Blanc konsumieren. Etwas Luft tut gut an diesem warmen Sommerabend.

[...]

Aus: Friedrich Dürrenmatt: Die Panne. Ein Hörspiel und eine Komödie. Zürich: Diogenes, 1985, S. 60–66 und S. 87–93

Die Erzählung

Unfall, harmlos zwar, Panne auch hier: Alfredo Traps, um den Namen zu nennen, in der Textilbranche beschäftigt, fünfundvierzig, noch lange nicht korpulent, angenehme Erscheinung, mit genügenden Manieren, wenn auch eine gewisse Dressur verratend, indem Primitives, Hausiererhaftes durchschimmert – dieser Zeitgenosse hatte sich eben noch mit seinem Studebaker über eine der großen Straßen des Landes bewegt, konnte schon hoffen, in einer Stunde seinen Wohnort, eine größere Stadt, zu erreichen, als der Wagen streikte. Er ging einfach nicht mehr. Hilflos lag die rotlackierte Maschine am Fuße eines kleineren Hügels, über den sich die Straße schwang; im Norden hatte sich eine Kumuluswolke gebildet, und im Westen stand die Sonne immer noch hoch, fast nachmittäglich. Traps rauchte eine Zigarette und tat dann das Nötige. Der Garagist, der den Studebaker schließlich abschleppte, erklärte den Schaden nicht vor dem andern Morgen beheben zu können. Fehler in der Benzinzufuhr. Ob dies stimmte, war weder ausfindig zu machen, noch war ratsam, es zu versuchen; Garagisten ist man ausgeliefert wie einst Raubrittern, noch früher Ortsgöttern und Dämonen. Zu bequem, die halbe Stunde zur nächsten Bahnstation zurückzulegen und die etwas komplizierte, wenn auch kurze Reise nach Hause zu unternehmen, zu seiner Frau, zu seinen vier Kindern, alles Jungen, beschloß Traps zu übernachten. Es war sechs Uhr abends, heiß, der längste Tag nahe, das Dorf, an dessen Rand sich die Garage befand, freundlich, verzettelt gegen bewaldete Hügel hin, mit einem kleinen Bühl samt Kirche, Pfarrhaus und einer uralten, mit mächtigen Eisenringen und Stützen versehenen Eiche, alles solide, proper, sogar die Misthaufen vor den Bauernhäusern sorgfältig geschichtet und herausgeputzt. Auch stand irgendwo ein Fabriklein herum und mehrere Pinten und Landgasthöfe, deren einen Traps schon öfters hatte rühmen hören, doch waren die Zimmer belegt, eine Tagung der Kleinviehzüchter nahm die Betten in Anspruch, und der Textilreisende wurde nach einer Villa gewiesen, wo hin und wieder Leute aufgenommen würden. Traps zögerte. Noch war es möglich, mit der Bahn heimzukehren, doch lockte ihn die Hoffnung, irgendein Abenteuer zu erleben, gab es doch manchmal in den Dörfern Mädchen, wie in Großbiestringen neulich, die Textilreisende zu schätzen wußten. So schlug er denn neubelebt den Weg zur Villa ein. Von der Kirche her Glockengeläute. Kühe trotteten ihm entgegen, muhten. Das einstöckige Landhaus lag in einem größeren Garten, die Wände blendend weiß, Flachdach, grüne Rolläden, halb verdeckt von Büschen, Buchen und Tannen, gegen die Straße hin Blumen, Rosen vor allem, ein betagtes Männchen dazwischen mit umgebundener Lederschürze, möglicherweise der Hausherr, leichte Gartenarbeit verrichtend.

Traps stellte sich vor und bat um Unterkunft.

„Ihr Beruf?" fragte der Alte, der an den Zaun gekommen war, eine Brissago rauchend und die Gartentüre kaum überragend.

„In der Textilbranche beschäftigt."

Der Alte musterte Traps aufmerksam, nach der Weise der Weitsichtigen über eine kleine randlose Brille blickend: „Gewiß, hier kann der Herr übernachten."

Traps fragte nach dem Preis.

Er pflege dafür nichts zu nehmen, erklärte der Alte, er sei allein, sein Sohn befinde sich in den Vereinigten Staaten, eine Haushälterin sorge für ihn, Mademoiselle Simone, da sei er froh, hin und wieder einen Gast zu beherbergen.

Der Textilreisende dankte. Er war gerührt über die Gastfreundschaft und bemerkte, auf dem Lande seien eben die Sitten und Bräuche der Altvordern noch nicht ausgestorben. Die Gartentüre wurde geöffnet. Traps sah sich um. Kieswege, Rasen, große Schattenpartien, sonnenbeglänzte Stellen.

Er erwarte einige Herren heute abend, sagte der Alte, als sie bei den Blumen angelangt waren, und schnitt sorgfältig an einem Rosenstock herum. Freunde kämen, die in der Nachbarschaft wohnten, teils im Dorf, teils weiter gegen die Hügel hin, pensioniert wie er selber, hergezogen des milden Klimas wegen und weil hier der Föhn nicht zu spüren sei, alle einsam, verwitwet, neugierig auf etwas Neues, Frisches, Lebendiges, und so sei es ihm denn ein

Vergnügen, Herrn Traps zum Abendessen und zum nachfolgenden Herrenabend einladen zu dürfen.
Der Textilreisende stutzte. Er hatte eigentlich im Dörfchen essen wollen, im allseits bekannten Landgasthof eben, doch wagte er nicht, die Aufforderung abzulehnen. Er fühlte sich verpflichtet. Er hatte die Einladung angenommen, kostenlos zu übernachten. Er wollte nicht als ein unhöflicher Stadtmensch erscheinen. So tat er erfreut. Der Hausherr führte ihn in den ersten Stock. Ein freundliches Zimmer. Fließendes Wasser, ein breites Bett, Tisch, bequemer Sessel, ein Hodler an der Wand, alte Lederbände im Büchergestell. Der Textilreisende öffnete sein Köfferchen, wusch, rasierte sich, hüllte sich in eine Wolke von Eau de Cologne, trat ans Fenster, zündete eine Zigarette an. Eine große Sonnenscheibe rutschte gegen die Hügel hinunter, umstrahlte die Buchen. Er überschlug flüchtig die Geschäfte dieses Tages, den Auftrag der Rotacher AG, nicht schlecht, die Schwierigkeiten mit Wildholz, fünf Prozent verlangte der, Junge, Junge, dem würde er schon den Hals umdrehen. Dann tauchten Erinnerungen auf. Alltägliches, Unordentliches, ein geplanter Ehebruch im Hotel Touring, die Frage, ob seinem Jüngsten (den er am meisten liebte) eine elektrische Eisenbahn zu kaufen sei, die Höflichkeit und eigentlich die Pflicht, seiner Frau zu telephonieren, Nachricht von seinem ungewollten Aufenthalt zu geben. Doch unterließ er es. Wie schon oft. Sie war daran gewöhnt und würde ihm außerdem auch nicht glauben. Er gähnte, genehmigte eine weitere Zigarette. Er sah zu, wie drei alte Herren über den Kiesweg anmarschiert kamen, zwei Arm in Arm, ein dicker, glatzköpfiger hintendrein. Begrüßung, Händeschütteln, Umarmungen, Gespräche über Rosen. Traps zog sich vom Fenster zurück, ging zum Büchergestell. Nach den Titeln, die er las, war ein langweiliger Abend zu erwarten: Hotzendorff, Das Verbrechen des Mordes und die Todesstrafe; Savigny, System des heutigen römischen Rechts; Ernst David Hölle, Die Praxis des Verhörs. Der Textilreisende sah klar. Sein Gastgeber war Jurist, vielleicht ein gewesener Rechtsanwalt. Er machte sich auf umständliche Erörterungen gefaßt, was verstand so ein Studierter vom wirklichen Leben, nichts, die Geset-

ze waren ja danach. Auch war zu befürchten, dass über Kunst oder ähnliches geredet würde, wobei er sich leicht blamieren konnte, na gut, wenn er nicht mitten im Geschäftskampf stehen würde, wäre er auch auf dem laufenden in höheren Dingen. So ging er denn ohne Lust hinunter, wo man sich in der offenen, immer noch sonnenbeschienenen Veranda niedergelassen hatte, während die Haushälterin, eine handfeste Person, nebenan im Speisezimmer den Tisch deckte. Doch stutzte er, als er die Gesellschaft sah, die ihn erwartete. Er war froh, daß ihm fürs erste der Hausherr entgegenkam, nun fast geckenhaft[1], die wenigen Haare sorgfältig gebürstet, in einem viel zu weiten Gehrock. Traps wurde willkommen geheißen. Mit einer kurzen Rede. So konnte er seine Verwunderung verbergen, murmelte, die Freude sei ganz auf seiner Seite, verneigte sich, kühl, distanziert, spielte den Textilfachmann von Welt und dachte mit Wehmut, daß er doch nur in diesem Dorfe geblieben sei, irgendein Mädchen aufzutreiben. Das war mißlungen. Er sah sich drei weiteren Greisen gegenüber, die in nichts dem kauzigen Gastgeber nachstanden. Wie ungeheure Raben füllten sie den sommerlichen Raum mit den Korbmöbeln und den luftigen Gardinen, uralt, verschmiert und verwahrlost, wenn auch ihre Gehröcke die beste Qualität aufwiesen, wie er gleich feststellte, wollte man vom Glatzköpfigen absehen (Pilet mit Namen, siebenundsiebzig Jahre alt, gab der Hausherr bei der Vorstellerei bekannt, die nun einsetzte), der steif und würdig auf einem äußerst unbequemen Schemel saß, obgleich doch mehrere angenehme Stühle herumstanden, überkorrekt hergerichtet, eine weiße Nelke im Knopfloch und ständig über seinen schwarzgefärbten buschigen Schnurrbart streichelnd, pensioniert offenbar, vielleicht ein ehemaliger, durch Glücksfall wohlhabend gewordener Küster oder Schornsteinfeger, möglicherweise auch Lokomotivführer. Um so verlotterter dagegen die beiden andern. Der eine (Herr Kummer, zweiundachtzig), noch dicker als Pilet, unermeßlich, wie aus speckigen Wülsten zusammengesetzt, saß in einem Schaukelstuhl, das Gesicht

[1] albern, eitel

hochrot, gewaltige Säufernase, joviale[1] Glotzaugen hinter einem goldenen Zwicker, dazu, wohl aus Versehen, ein Nachthemd unter dem schwarzen Anzug und die Taschen vollgestopft mit Zeitungen und Papieren, während der andere (Herr Zorn, sechsundachtzig), lang und hager, ein Monokel vor das linke Auge geklemmt, Schmisse im Gesicht, Hakennase, schlohweiße Löwenmähne, eingefallener Mund, eine vorgestrige Erscheinung alles in allem, die Weste falsch geknöpft hatte und zwei verschiedene Socken trug.

„Campari?" fragte der Hausherr.

„Aber bitte", antwortete Traps und ließ sich in einen Sessel nieder, während der Lange, Hagere ihn interessiert durch sein Monokel betrachtete:

„Herr Traps wird wohl an unserem Spielchen teilnehmen?"

„Aber natürlich. Spiele machen mir Spaß."

Die alten Herren lächelten, wackelten mit den Köpfen.

„Unser Spiel ist vielleicht etwas sonderbar", gab der Gastgeber vorsichtig, fast zögernd zu bedenken. „Es besteht darin, daß wir des Abends unsere alten Berufe spielen."

Die Greise lächelten aufs neue, höflich, diskret.

Traps wunderte sich. Wie er dies verstehen solle?

„Nun", präzisierte der Gastgeber, „ich war einst Richter, Herr Zorn Staatsanwalt und Herr Kummer Advokat, und so spielen wir denn Gericht."

„Ach so", begriff Traps und fand die Idee passabel. Vielleicht war der Abend doch noch nicht verloren.

Der Gastgeber betrachtete den Textilreisenden feierlich. Im allgemeinen, erläuterte er mit milder Stimme, würden die berühmten historischen Prozesse durchgenommen, der Prozeß Sokrates, der Prozeß Jesus, der Prozeß Jeanne d'Arc, der Prozeß Dreyfus, neulich der Reichstagsbrand, und einmal sei Friedrich der Große für unzurechnungsfähig erklärt worden.

Traps staunte. „Das spielt ihr jeden Abend?"

Der Richter nickte. Aber am schönsten sei es natürlich, erklärte er weiter, wenn am lebenden Material gespielt werde, was des öfteren besonders interessante Situationen

---

1 wohlwollend

ergebe, erst vorgestern etwa sei ein Parlamentarier, der im Dorfe eine Wahlrede gehalten und den letzten Zug verpaßt hätte, zu vierzehn Jahren Zuchthaus wegen Erpressung und Bestechung verurteilt worden.
„Ein strenges Gericht", stellte Traps belustigt fest.
„Ehrensache", strahlten die Greise.
Was er denn für eine Rolle einnehmen könne?
Wieder Lächeln, fast Lachen.
Den Richter, den Staatsanwalt und den Verteidiger hätten sie schon, es seien dies ja auch Posten, die eine Kenntnis der Materie und der Spielregeln voraussetzten, meinte der Gastgeber, nur der Posten eines Angeklagten sei unbesetzt, doch sei Herr Traps in keiner Weise etwa gezwungen mitzuspielen, er möchte dies noch einmal betonen.
Das Vorhaben der alten Herren erheiterte den Textilreisenden. Der Abend war gerettet. Es würde nicht gelehrt zugehen und langweilig, es versprach lustig zu werden. Er war ein einfacher Mensch, ohne allzugroße Denkkraft und Neigung zu dieser Tätigkeit, ein Geschäftsmann, gewitzigt, wenn es sein mußte, der in seiner Branche aufs Ganze ging, daneben gerne gut aß und trank, mit seiner Neigung zu handfesten Späßen. Er spiele mit, sagte er, es sei ihm eine Ehre, den verwaisten Posten eines Angeklagten anzunehmen.
Bravo, krächzte der Staatsanwalt und klatschte in die Hände, bravo, das sei ein Manneswort, das nenne er Courage.
Der Textilreisende erkundigte sich neugierig nach dem Verbrechen, das ihm nun zugemutet würde.
Ein unwichtiger Punkt, antwortete der Staatsanwalt, das Monokel reinigend, ein Verbrechen lasse sich immer finden.
Alle lachten.
Herr Kummer erhob sich. „Kommen Sie, Herr Traps", sagte er beinahe väterlich, „wir wollen doch den Porto noch probieren, den es hier gibt; er ist alt, den müssen Sie kennenlernen. [...]

Friedrich Dürrenmatt: Die Panne. Eine noch mögliche Geschichte. In: Franz-Josef Görtz (Hg.): Friedrich Dürrenmatt: Gesammelte Werke in sieben Bänden. Zürich: Diogenes, 1988, S. 272–279 (leicht gekürzt)

4. Der Regieplan als Form der Szeneninterpretation

Szenisches Interpretieren als Unterrichtsform

Erzählende Textsorten wie der Roman, die Novelle, die Kurzgeschichte oder auch die Erzählung erfordern einen Leser, der sich für sich alleine mit dem Text auseinandersetzt. Dramatische Texte dagegen sind keine Lesetexte, sie sind zur Aufführung bestimmt: Ein Drama wird von Schauspielern mithilfe von Mimik und Gestik, einer bestimmten Kleidung, von Bewegungsabläufen und in Form von Rede und Gegenrede auf die Bühne gebracht. Der Regisseur überlegt sich für seine Inszenierung ein Konzept, das die Schauspielerinnen und Schauspieler im Spiel umsetzen. Mit dem vorliegenden Hörspiel „Fahrerflucht" liegt uns ein Text im Zwischenbereich von erzählender und dramatischer Textgestaltung vor. Einerseits ist das Hörspiel immer wieder von erzählenden Passagen durchsetzt, andererseits kehren aber auch Dialoge wieder, die durch einzelne „Regieanweisungen" ergänzt werden. Der gedruckte Text aber gibt nur sehr spärliche Hinweise für eine Umsetzung, zum Beispiel in der Form der Hörspielfassung für ein Rundfunkprogramm. An diesem Punkt setzt die Unterrichtsform des szenischen Interpretierens an, das an einer Umsetzung einzelner Szenen oder aber auch des ganzen Textes arbeitet. Im Folgenden sollen einige Anregungen gegeben werden, wie ihr selbst eure eigene Hörspielfassung entwerfen und somit zu Regisseuren werden könnt.

Die Idee des Regieplans

Da das Hörspiel vieles ausspart, andeutet und auslässt, kann der Text in besonderer Weise die Vorstellungskraft der Leserinnen und Leser ansprechen. Je weniger vorgegeben ist, desto kreativer müsst ihr eure Pläne für die Umsetzung eines Hörspiels überdenken. Folgende Überlegungen sollen Anhaltspunkte für den handelnden, den aktiven Umgang mit dem Hörspiel geben.

Die einfachste Form, einzelne Abschnitte, Szenen oder auch eine Sprechergruppe zu inszenieren, ist das szenische Lesen. Nach dem leisen Lesen kann der Text einzeln oder in Kleingruppen laut vorgetragen werden. Wichtig dabei ist, dass der Vortrag stets angebunden bleibt an die Auseinandersetzung im Plenum, in der größeren Gruppe. Gegenseitig sollte man hinweisen auf Leseeigenarten, sollte gegenseitig erläutern, warum so und nicht anders gelesen wird. Eine erste Hilfe ist es, Betonungwörter und Sprechpausen im Text zu markieren. Unterschiedliche Lautstärken und Betonungen zeigen ein unterschiedliches Verständnis des Textes.

Um sich generell in die Figur, der die Sprechpartie zugeschrieben ist, hineinversetzen zu können, kann das Rollen-Lesen durchgeführt werden. Darunter versteht man, dass die Haltungen, die Absichten und die Beziehungen, in denen die sprechende Figur lebt, vorher geklärt werden. Als Hintergrundinformation ist es sinnvoll, sich über persönliche Beziehungen, den Beruf oder die gesellschaftliche Stellung der Figur klar zu werden. All diese Überlegungen können die Sprechweise einer Figur beeinflussen.

Um sich besser in die Rolle einer Figur hineinversetzen zu können, könnt ihr fiktive Rollengespräche entwerfen, die der Hörspieltext nicht vorgibt: Zwischen den Personen entwickeln sich Gespräche, die so tatsächlich stattgefunden haben könnten. Diese Form des Herangehens an das „Profil" der Figur trägt zum genaueren Verständnis der jeweiligen Figur bei. Ihr müsst euch Gedanken über das Vorleben, den Charakter und die Handlungsziele der Figur machen. Die Rollengespräche können auch auf einen Monolog der betreffenden Figur reduziert werden. Die Figur spricht dann über eigene Gefühle, Einstellungen, Erwartungen, sie äußert eigene Gedanken.

Wichtig ist dabei herauszufinden, welche Motive bestimmte Figuren antreiben. All diese Vorüberlegungen und Übungen dienen dazu, für bestimmte Passagen einen Regieplan zu schreiben, der die Inszenierungsmodalitäten der jeweiligen Stelle näher beschreibt. Dieser Plan soll alle Informationen enthalten, die für das konkrete Sprechen der Textstellen erforderlich sind. So ergibt sich ein Gesamtbild.

Kriterienkatalog für einen Regieplan

Im Folgenden sind einige Aspekte gesammelt, die beim Erstellen eines Regieplans behilflich sein können:

- Informationen zur Sprechtechnik
- Musikauswahl
- Einsatz von Geräuschen
- Verdeutlichung von Motiven
- Umsetzung von Raum und Zeit in der Szene
- Gestaltung der Anzahl und des Geschlechts der Sprecherinnen und Sprecher
- Verdeutlichung von Strukturmerkmalen des Hörspieltextes

Beispiel für einen Regieplan

Als Beispiel für einen solchen Regieplan dient ein Ausschnitt aus dem zweiten Sprechergruppentext der dritten Szene des Hörspiels „Fahrerflucht“. Der Plan zeigt, wie man den Text umschreiben und ihn somit zugleich auf einen Liedtext beziehen kann. Eine Schülergruppe hat sich hinsichtlich der Musikauswahl für das Lied „Wish you were here“ von Pink Floyd entschieden. Das Lied drückt die Wünsche des Mädchens aus; das Mädchen hört das Lied im Radio und singt mit. Die drei Spalten zeigen den veränderten Text, die Sprechtechnik und die Abstimmung auf den Musiktitel. Der Text wird durchgängig von derselben Schülerin gesprochen.
Dieses Beispiel soll euch eine Anregung zu einem solchen Regieplan geben; im Anschluss könnt ihr euren eigenen Plan entwerfen oder auch dieses Beispiel weiterführen.

Text	Sprechergruppe Szene III Sprechtechnik/ Erklärungen	Musik
	Am Anfang des Stückes kein Text und kein Gesang	
Kentucky Blaue Weide	Einstieg in den Traum	0:40 Min.
Riesige rote barns manchmal von Tornados getroffen. Vollblut in Herden Rappen in blauem Gras. Das harte Knappern	Temposteigerung ▼	
des weidenden Pferdemauls. Orlando, Sieger des Derbys von Saratoga, allein hinter weißem Staketenzaun.	Erlebnis: Schnauze einer Stute = Steigerung freundlich, sich erinnernd: Wie war es früher toll!	1:00 Min. Gitarre setzt neu ein hell im Vordergrund
Geruch von Sätteln und Buchmacherei. Gary Cooper, ehe er nach Hollywood ging, und Henry Wallace, die Chancen einer sozialistischen Agrarpartei erwägend und verwerfend.	Danach Pause vorher: Luft einsaugen → Signal für den Traum normal, nichts Besonderes ▼ nachdenklich	
Vollblut in Herden Kentucky Blaue Weiden Riesige rote barns Die letzten Liberalen *→Liedtext von „So, so ...“ bis „... in a cage“*	Wiederholung: Traumelemente ▼ Pause	1:33 Min. *laut mitsingen*

Erläuterungen zur Musik:
Besetzung: Gitarren, Schlagzeug, Sänger (Mann)
0.40 – 1:00: Klang wie durch ein Radio, Musik ist ruhig, dadurch wird der Text stark hervorgehoben.
1:00 – 1:33: Die Musik bekommt das Flair eines Pferderennens; die Melodie im Hintergrund bleibt gleich.

5. Einen Text in eine Hörspielfassung umschreiben

Ingeborg Bachmann: Reklame

Wie bereits zuvor angedeutet, ist das szenische Lesen die einfachste Form, einen Text zu inszenieren. Besonders gut eignet sich für diese Form der Interpretation das Gedicht „Reklame" von Ingeborg Bachmann. Beginnt eure Überlegungen zum szenischen Inszenieren des Gedichts vielleicht zuerst mit der Entscheidung für die Anzahl der Sprecherinnen und Sprecher. Schreibt anschließend einen Regieplan auf und nehmt eure Inszenierungen auf Kassette auf.

Wohin aber gehen wir
ohne sorge sei ohne sorge
wenn es dunkel und wenn es kalt wird
sei ohne sorge
aber
mit musik
was sollen wir tun
heiter und mit musik
und denken
heiter
angesichts eines Endes
mit musik
und wohin tragen wir
am besten
unsre Fragen und den Schauer aller Jahre
in die Traumwäscherei ohne sorge sei ohne sorge
was aber geschieht
am besten
wenn Totenstille

eintritt

In: C. Koschel / J. von Weidenbaum / C. Münster (Hrg.): Ingeborg Bachmann. Werke. Band 1. München: Piper, 5. Auflage 1993, S. 114

Herbert Malecha: Die Probe

Eine weitere Möglichkeit, die Form des Regieplans zu erproben, ist das Umschreiben einer Kurzgeschichte in ein Hörspiel. Dazu solltet ihr zunächst klären, an welchen Orten das Geschehen in der „Probe“ spielt (z. B. auf der Straße, im Café). Anschließend können dann verschiedene Arbeitsgruppen der Klasse, orientiert an den Handlungsorten, einzelne Szenen entwerfen. Die Leitfragen unter dem Text sollen dabei helfen, einen Regieplan bzw. ein Hörspielmanuskript zu entwerfen.

Redluff sah, das schrille Quietschen der Bremsen noch in den Ohren, wie sich das Gesicht des Fahrers ärgerlich verzog. Mit zwei taumeligen Schritten war er wieder auf dem Gehweg. „Hat es Ihnen was gemacht?“ Er fühlte sich am Ellbogen angefasst. Mit einer fast brüsken[1] Bewegung machte er sich frei. „Nein, nein, schon gut. Danke“, sagte er noch, beinah schon über die Schulter, als er merkte, dass ihm der Alte nachstarrte.

Eine Welle von Schwäche stieg von seinen Knien auf, wurde fast zur Übelkeit. Das hätte ihm gerade gefehlt, angefahren auf der Straße liegen, eine gaffende Menge und dann die Polizei. Er durfte jetzt nicht schwach werden, nur weiterlaufen, unauffällig weiterlaufen zwischen den vielen auf der hellen Straße. Langsam ließ das Klopfen im Halse nach. Seit drei Monaten war er zum ersten Mal wieder in der Stadt, zum ersten Mal wieder unter so viel Menschen. Ewig konnte er in dem Loch sich ja nicht verkriechen, er musste einmal wieder raus, wieder Kontakt aufnehmen mit dem Leben, überhaupt raus aus allem. Ein Schiff musste sich finden lassen, möglichst noch, bevor es Winter wurde. Seine Hand fuhr leicht über die linke Brustseite seines Jacketts, er spürte den Pass, der in der Innentasche steckte; gute Arbeit war dieser Pass, er hatte auch nicht schlecht dafür bezahlt.

Die Autos auf der Straße waren zu einer langen Kette aufgefahren. Nur stockend schoben sie sich vorwärts. Men-

[1] barsch, schroff

schen gingen an ihm vorbei, kamen ihm entgegen; er achtete darauf, dass sie ihn nicht streiften. Einem Platzregen von Gesichtern war er ausgesetzt, fahle Ovale, die sich mit dem wechselnden Reklamelicht verfärbten. Redluff strengte sich an, den Schritt der vielen anzunehmen, mitzuschwimmen in dem Strom. Stimmen, abgerissene Gesprächsfetzen schlugen an sein Ohr, jemand lachte. Für eine Sekunde haftete sein Blick an dem Gesicht einer Frau, ihr offener, bemalter Mund sah schwarz gerändert aus. Die Autos fuhren jetzt an, ihre Motoren summten auf. Eine Straßenbahn schrammte vorbei. Und wieder Menschen, Menschen, ein Strom flutender Gesichter, Sprechen und hundertfache Schritte. Redluff fuhr unwillkürlich mit der Hand an seinen Kragen. An seinem Hals merkte er, dass seine Finger kalt und schweißig waren.

Wovor hab ich denn eigentlich Angst, verdammte Einbildung, wer soll mich denn schon erkennen in dieser Menge, sagte er sich. Aber er spürte nur zu genau, dass er in ihr nicht eintauchen konnte, dass er wie ein Kork auf dem Wasser tanzte, abgestoßen und weitergetrieben. Ihn fror plötzlich. Nichts wie verdammte Einbildung, sagte er sich wieder. Vor drei Monaten war das ja noch anders, da stand sein Name schwarz auf rotem Papier auf jeder Anschlagsäule zu lesen, Jens Redluff; nur gut, dass das Foto so schlecht war. Der Name stand damals fett in den Schlagzeilen der Blätter, wurde dann klein und kleiner, auch das Fragezeichen dahinter, rutschte in die letzten Spalten und verschwand bald ganz.

Redluff war jetzt in eine Seitenstraße abgebogen, der Menschenstrom wurde dünner, noch ein paar Abbiegungen, und die Rinnsale lösten sich auf, zerfielen in einzelne Gestalten, einzelne Schritte. Hier war es dunkler. Er konnte den Kragen öffnen und die Krawatte nachlassen. Der Wind brachte einen brackigen Lufthauch vom Hafen her. Ihn fröstelte.

Ein breites Lichtband fiel quer vor ihm über die Straße, jemand kam aus dem kleinen Lokal, mit ihm ein Dunst nach Bier, Qualm und Essen. Redluff ging hinein. Die kleine, als Café aufgetakelte Kneipe war fast leer, ein paar Soldaten saßen herum, grelle Damen in ihrer Gesellschaft. Auf den

kleinen Tischen standen Lämpchen mit pathetisch[1] roten Schirmen. Ein Musikautomat begann, aus der Ecke zu hämmern. Hinter der Theke lehnte ein dicker Bursche mit bloßen Armen. Er schaute nur flüchtig auf.
„Kognak, doppelt", sagte Redluff zu dem Kellner. Er merkte, dass er seinen Hut noch in der Hand hielt, und legte ihn auf den leeren Stuhl neben sich. Er steckte sich eine Zigarette an, die ersten tiefen Züge machten ihn leicht benommen. Schön warm war es hier, er streckte seine Füße lang aus. Die Musik hatte gewechselt. Über gezogen jaulenden Gitarretönen hörte er halblautes Sprechen, ein spitzes Lachen vom Nachbartisch. Gut saß es sich hier.
Der Dicke hinter der Theke drehte jetzt seinen Kopf nach der Tür. Draußen fiel eine Wagentür schlagend zu. Gleich darauf kamen zwei Männer herein, klein und stockig der eine davon. Er blieb in der Mitte stehen, der andere, im langen Ledermantel, steuerte auf den Nachbartisch zu. Keiner von beiden nahm seinen Hut ab. Redluff versuchte hinüberzuschielen, es durchfuhr ihn. Er sah, wie der Große sich über den Tisch beugte, kurz etwas Blinkendes in der Hand hielt. Die Musik hatte ausgesetzt. „What's he want?", hörte er den Neger vom Nebentisch sagen. „What's he want?" Er sah seine wulstigen Lippen sich bewegen. Das Mädchen kramte eine bunte Karte aus ihrer Handtasche. „What's he want?", sagte der Neger eigensinnig. Der Mann war schon zum nächsten Tisch gegangen. Redluff klammerte sich mit der einen Hand an die Tischkante. Er sah, wie die Fingernägel sich entfärbten. Der rauchige Raum schien ganz leicht zu schwanken, ganz leicht. Ihm war, als müsste er auf dem sich neigenden Boden jetzt langsam samt Tisch und Stuhl auf die andere Seite rutschen. Der Große hatte seine Runde beendet und ging auf den anderen zu, der immer noch mitten im Raum stand, die Hände in den Manteltaschen. Redluff sah, wie er zu dem Großen etwas sagte. Er konnte es nicht verstehen. Dann kam er geradewegs auf ihn zu.
„Sie entschuldigen", sagte er, „Ihren Ausweis, bitte!" Redluff schaute erst gar nicht auf das runde Metall in seiner Hand. Er drückte seine Zigarette aus und war plötzlich völlig ru-

[1] feierlich, erhaben

hig. Er wusste es selbst nicht, was ihn mit einem Mal so ruhig machte, aber seine Hand, die in die Innentasche seines Jacketts fuhr, fühlte den Stoff nicht, den sie berührte, sie war wie von Holz. Der Mann blätterte langsam in dem Pass, hob ihn besser in das Licht. Redluff sah die Falten auf der gerunzelten Stirn, eins, zwei, drei. Der Mann gab ihm den Pass zurück. „Danke, Herr Wolters", sagte er. Aus seiner unnatürlichen Ruhe heraus hörte Redluff sich selber sprechen. „Das hat man gern, so kontrolliert werden wie –", er zögerte etwas, „ein Verbrecher!" Seine Stimme stand spröde im Raum. Er hatte doch gar nicht so laut gesprochen. „Man sieht manchmal jemand ähnlich", sagte der Mann, grinste, als hätte er einen feinen Witz gemacht. „Feuer?" Er fingerte eine halbe Zigarre aus der Manteltasche. Redluff schob seine Hand mit dem brennenden Streichholz längs der Tischkante ihm entgegen. Die beiden gingen.

Redluff lehnte sich in seinen Stuhl zurück. Die Spannung in ihm zerbröckelte, die eisige Ruhe schmolz. Er hätte jubeln können. Das war es, das war die Probe, und er hatte sie bestanden. Triumphierend setzte der Musikautomat wieder ein. „He, Sie vergessen Ihren Hut", sagte der Dicke hinter der Theke. Draußen atmete er tief, seine Schritte schwangen weit aus, am liebsten hätte er gesungen.

Langsam kam er wieder in belebtere Straßen, die Lichter nahmen zu, die Läden, die Leuchtzeichen an den Wänden. Aus einem Kino kam ein Knäuel Menschen, sie lachten und schwatzten, er mitten unter ihnen. Es tat ihm wohl, wenn sie ihn streiften. „Hans", hörte er eine Frauenstimme hinter sich, jemand fasste seinen Arm. „Tut mir leid", sagte er und lächelte in das enttäuschte Gesicht. Verdammt hübsch, sagte er zu sich. Im Weitergehen nestelte er an seiner Krawatte. Dunkel glänzende Wagen sangen über den blauen Asphalt, Kaskaden[1] wechselnden Lichts ergossen sich von den Fassaden, Zeitungsverkäufer riefen die Abendausgaben aus. Hinter einer großen, leicht beschlagenen Spiegelglasscheibe sah er undeutlich tanzende Paare; pulsierend drang die Musik abgedämpft bis auf die Straße. Ihm war wie nach Sekt.

---

[1] bildhafte Sprechweise: Eine Kaskade ist ein stufenförmig angelegter Wasserfall.

Ewig hätte er so gehen können, so wie jetzt. Er gehörte wieder dazu, er hatte den Schritt der vielen, es machte ihm keine Mühe mehr. Im Sog der Menge ging er über den großen Platz auf die große Halle zu mit ihren Ketten von Glühlampen und riesigen Transparenten. Um die Kassen vor dem Einlass drängten sich Menschen. Von irgendwoher flutete Lautsprechermusik. Stand dort nicht das Mädchen von vorhin? Redluff stellte sich hinter sie in die Reihe. Sie wandte den Kopf, er spürte einen Hauch von Parfüm. Dicht hinter ihr zwängte er sich durch den Einlass. Immer noch flutete die Musik, er hörte ein Gewirr von Hunderten von Stimmen. Ein paar Polizisten suchten etwas Ordnung in das Gedränge zu bringen. Ein Mann in einer Art Portiersuniform nahm ihm seine Einlasskarte ab. „Der, der!", rief er auf einmal und deutete aufgeregt hinter ihm her. Gesichter wandten sich, jemand im schwarzen Anzug kam auf ihn zu, ein blitzendes Ding in der Hand. Gleißendes Scheinwerferlicht übergoss ihn. Jemand drückte ihm einen Riesenblumenstrauß in die Hände. Zwei strahlend lächelnde Mädchen hakten ihn rechts und links unter, Fotoblitze zuckten. Und zu allem dröhnte eine geölte Stimme, die vor innerer Freudigkeit fast zu bersten schien: „Ich darf Ihnen im Namen der Direktion von ganzem Herzen gratulieren, Sie sind der hunderttausendste Besucher der Ausstellung!" Redluff stand wie betäubt. „Und jetzt sagen Sie uns Ihren werten Namen", schmalzte die Stimme unwiderstehlich weiter. „Redluff, Jens Redluff", sagte er, noch ehe er wusste, was er sagte, und schon hatten es die Lautsprecher dröhnend bis in den letzten Winkel der riesigen Halle getragen.
Der Kordon[1] der Polizisten, der eben noch die applaudierende Menge zurückgehalten hatte, löste sich langsam auf. Sie kamen auf ihn zu.

In: Paul Hühnerfeld (Hg.): Die Probe. Hamburg: v. Schröder, 1955, S. 21–27

[1] Gruppe von Polizisten, die eine Absperrung bildet

Leitfragen

- Welche Personen sollen in der Szene wie auftreten?
- Lässt sich ein Erzähler einführen, der die Szenen miteinander verbindet?
- Wie können die Gedanken der Hauptpersonen (innere Monologe), die sich in deren Köpfen abspielen, dargestellt werden?
- Wie lassen sich Geräusche wie z. B. der Straßenlärm, das Klirren der Gläser etc. imitieren?
- Lassen sich Ergänzungen einbauen? Es könnte etwa am Anfang des Hörspiels eine Radiomeldung auf den Ausbruch Redluffs hinweisen.

Geräusche selbst herstellen

Wenn ihr ein Hörspiel selbst herstellen wollt, kommt es nicht nur auf die Sprecherstimmen und die Musik an. Besonders wichtig sind auch Hintergrundgeräusche.
In den Rundfunkanstalten gibt es ein Schallarchiv, in dem jedes vom Manuskriptautor oder Hörspielregisseur gewünschte Geräusch verfügbar ist. Sollte dies ausnahmsweise einmal nicht der Fall sein, können in einem Hörspielstudio auch Geräusche selbst hergestellt werden. Es gibt dort verschiedene Bodenbeläge, Wasserbehälter und andere Hilfsmittel, mit denen Geräusche imitiert werden.

Zum Experimentieren ein paar Beispiele:

Regen:	Eine Handvoll getrockneter Erbsen auf einem Sieb rollen oder Zellophan knistern lassen.
Wind:	Über Weichholzplatten ein Stück Seidenstoff ziehen. Je nachdem, wie schnell man den Stoff zieht, wird die Windstärke variiert.
Donner:	Dünne Blechplatte oder großen Karton schütteln.
Wellen:	Hand in mit Wasser gefüllter Plastikschüssel so bewegen, dass das Wasser am Rand leicht anschlägt.
Feuer:	Zellophanpapier langsam zerdrücken oder (für kleines, gemütliches Kaminfeuer) eine leere Streichholzschachtel benutzen.

Dampfsirene:	Flasche mit Wasser füllen, Flaschenhals an den Mund halten und hineinblasen; Tonhöhe hängt von Wassermenge ab.
Schritte:	Im Laubwald: Alte Tonbänder oder Papier zusammenknüllen und rhythmisch zusammendrücken. Im Schnee: Säckchen mit Kartoffelmehl benutzen. Im Sand/Kies: Zellophan benutzen.
Zuggeräusch:	Zwei Brettchen, die mit Schleifpapier bezogen sind, rhythmisch aneinanderreiben.
Flugzeug:	Föhn vors Mikro halten und dazwischen Pappe bewegen.
Pistole:	Lineal neben Mikro auf den Tisch schlagen.
Telefonstimme:	In kleines Gefäß hineinsprechen.
Pferdegetrappel:	Halbe Kokosnussschalen zusammenschlagen.
Explosion:	Fest ins Mikrofon hineinblasen.

Aus: Esther Everling: Ein Hörspiel produzieren. Frankfurt/M./ Berlin: Cornelsen Scriptor, 1992

Bildnachweis:

|Picture-Alliance GmbH, Frankfurt/M.: dpa/Berg, Oliver 67. |stock.adobe.com, Dublin: Petra 51. |Süddeutsche Zeitung - Photo, München: Friedrich, Brigitte 46.